日本の人事システム

上林憲雄・平野光俊【編著】

その伝統と革新

Human Resource Management
in Japan

同文舘出版

執筆者紹介 （執筆順）

プロローグ　上　林　憲　雄（神戸大学大学院経営学研究科教授）

第1章　　平　野　光　俊（神戸大学大学院経営学研究科教授）

第2章　　江　夏　幾多郎（名古屋大学大学院経済学研究科准教授）

第3章　　庭　本　佳　子（神戸大学大学院経営学研究科准教授）

第4章　　浅　井　希和子（神戸大学大学院経営学研究科博士課程後期課程）

第5章　　余　合　　　淳（名古屋市立大学大学院経済学研究科准教授）

第6章　　島　田　善　道（公立鳥取環境大学経営学部講師）

エピローグ　平　野　光　俊・上　林　憲　雄

＜補録監修者　上林憲雄・浅井希和子＞

はしがき

　日本企業の人事システムの在り方は，1980年代のいわゆる「日本的経営」が海外諸国からも注目され隆盛だった時期から比べると大きな変更を余儀なくされています。共同体的なコミュニティとしての日本型システムから，アングロサクソン的な市場主義の発想法が多く取り入れられ，グローバリゼーションやICT，AIなどの技術革新も相俟って，雇用は流動化し，成果主義が導入されて評価や報酬のシステムも個人業績を大きく反映したものへと変わりつつあると喧伝されています。

　ただ，意外にもこうした日本型人事システムにおける変化の全貌を体系的に捉えようとする調査分析は，その必要性にもかかわらず，これまで本格的にはなされてきませんでした。

　我々はこうした既存研究の間隙を埋めるべく，日本型人事システムの変貌の実態と論理を明らかにする目的で，神戸大学経営学研究科内に「人材マネジメントの新展開」調査研究プロジェクトを組織いたしました。また，日本型人事のこうした変化を推し進める潮流を「グローバル市場主義」という概念のもと統一的に捉え，その影響が日本企業の人材マネジメントの具体的にどのような点にどういった影響を与えているか，（一社）日本能率協会のご協力を賜りながら，日本企業を対象とした大規模な実態調査を実施いたしました。本書は，この実態調査から得られた結果をもとに，プロジェクトメンバーによる分析結果を一冊の書物の形に取りまとめたものです。

　実態調査で尋ねられた具体的質問項目は本書の巻末補録に掲載しておりますが，我々はグローバル市場主義の進展に伴う日本型人事システムの変化をみるうえでのポイントとして，とりわけ人事部の新たな役割，人事の基本方針である人事ポリシー，人事ポリシーの背後にある組織文化，意思決定のメカニズム，いわゆる「働き方改革」の施策，グローバルリーダーの在り方の6つの点に注

(2)

目することにいたしました。これらに特に焦点を当てたゆえんは，グローバル市場主義に伴う日本型人事システムの変容や今後の方向性を語るうえで，これらの諸点が重要な鍵になると考えたためです。

　調査分析の一応の帰結として，グローバル市場主義の波は日本企業の人事システムに大きな影響を及ぼしつつあるものの，完全な英米流の市場主義をモデルとして模倣しているわけではなく，むしろ旧来の日本型人事システムとの連続性が意識されながら設計されていることが明らかになりました。とりわけ，本書全般を通じ，日本型の地道な人材育成と，市場主義に根ざした透明性の高い実力主義との合一に苦心する日本企業の姿を，それなりに浮き彫りにできたのではと感じておりますが，このことが精確に描写できているかどうかの評価については，読者各位からのご批判ご叱正をお待ちいたしたく存じます。

　プロジェクトメンバーは，これまで幾度もミーティングを重ね，アンケート調査の設計から分析の手法，結果の解釈に至るまで，慎重に検討を続けてまいりました。本書に収められている論稿はその研究成果の一端を示したものです。執筆にあたり，メンバーは事前によく話し合い，一定の方針に沿って担当箇所を執筆していますが，それでもなお各章の叙述は執筆者固有の思考や書き方の個性を反映したものとなっています。読者各位におかれましては，こうした"揺らぎ"もまた，本書の特徴の1つとしてご理解を賜れますと幸甚に存じます。各章間の調整不足や齟齬，不十分な論点等が残っているとすれば，それらはすべて編者である上林・平野の責任です。

　さて，本書は実に多くの関係各位からのご協力とご支援によりはじめて上梓が可能となったものです。まず，今回の我々のアンケート調査のご回答にご協力を賜りました各社，わけても膨大な質問票調査に対し貴重な時間を割いて真摯にご回答くださいました人事部長各位に対し，衷心から深謝の意を申し上げます。

　アンケート調査の実施にあたっては，日本能率協会KAIKAセンターJMAマネジメント研究所には，会員企業の紹介や郵送作業，公開シンポジウムの開催等に関しまして多大なる便宜を図っていただきました。お世話になりました

同研究所長の近田高志氏および畑野遼司氏ほかの皆々様に，ここに厚く御礼申し上げます。

加えて，収集データの入力や整理といった地味な作業を献身的に支えてくださいました神戸大学経営学研究科事務補佐員の坪田ますみ氏にも，この場をお借りして感謝の気持ちをお伝えいたしたく存じます。ありがとうございました。

なお，今回の調査分析にあたっては，日本学術振興会より科学研究費補助金（基盤研究（B），平成26-30年度「グローバル市場主義進展下における日本型人的資源管理システムの体系化」，研究代表：上林憲雄，および基盤研究（B），平成27-29年度「公正な雇用ポートフォリオモデルの構築と雇用区分管理手法の開発」，研究代表：平野光俊）のご支援をいただきました。また，神戸大学社会システムイノベーションセンターからも研究プロジェクト助成金（平成29-30年度「グローバル市場主義の浸透と日本企業の再生」，研究代表：上林憲雄）をいただいています。言わずもがなですが，これらの経済的支援は学術研究者が実態調査を行ううえで欠かすことのできない貴重なサポートで，大変ありがたいものです。ご支援に対し，心からの御礼を申し上げる次第です。

また，同文舘出版（株）代表取締役・中島治久氏をはじめとする各位，とりわけ取締役編集局長・市川良之氏には，出版事情厳しい折，市場性が乏しい学術研究書の出版をご快諾いただき，我々の調査分析と執筆のプロセスを長期間にわたり辛抱強く見守ってくださいました。この間，数えきれないほど多くの激励をいただき，記述等の形式面はもとより，各章間の調整や内容上の細かな点に至るまで入念に精査くださいました。ここに記して格別の謝意を表します。

「失われた20年」から始まった平成の世も終焉し，新しい令和の時代となりましたが，明るい日本の未来を見据え，日本企業各社が新時代にふさわしい人事システムを設計するにあたって，本書がささやかなヒントを提供できるようであれば，執筆者一同，望外の喜びです。

末筆になりましたが，本書の執筆者一同は，日本型人事の原型とその変遷について，奥林康司先生（神戸大学名誉教授・大阪国際大学名誉教授，経営学博士）からこれまで多くのことを学んでまいりました。先生は昨年，大阪国際大学副学長・教授の職を辞され，学務の第一線からは退かれましたが，現在もなお日

(4)

本の経営学および人事労務・人的資源管理研究の中心的存在として，日本学術会議や学会など多方面にてご活躍であられます。今日に至るまで懇切にご指導くださいました奥林先生の学恩に感謝の意を表すとともに，今後もご健康に留意され，引き続き薫陶を賜りますよう，謹んで本書を先生の机下に捧げたく存じます。

　2019 年 5 月 15 日

新緑の六甲台にて

上 林 憲 雄

平 野 光 俊

目　　次

はしがき …………………………………………………………… (1)

プロローグ　日本の人事システム ──────────────── **3**
　　　　　　　─その伝統と革新─

1．基盤としての日本的経営論………………………………………　4

2．日本的経営の展開　………………………………………………　5

　（1）柔構造組織プロジェクト（1992年）　　6

　（2）「技術と組織」に関する日英異文化間比較プロジェクト（1997〜98年）　　6

　（3）日本型人的資源管理のパラダイム探求に関する研究（2003〜10年）　　7

　（4）変貌する日本型経営プロジェクト（2012〜13年）　　7

3．日本的経営への変革圧力…………………………………………　8
　　　　　─グローバル市場主義の進展─

4．グローバル市場主義のインパクト ………………………………　9

5．日本の人事システム ………………………………………………　11
　　　　　─本書の構成─

第Ⅰ部　総論：日本企業の人事システム

第1章　人事部の新しい役割 ──────────────── **18**
　　　　　─社員格付け制度との関連から─

1．はじめに …………………………………………………………　19

2．日本の人事部 ……………………………………………………　20

⑹

３．日本企業の社員格付け制度‥‥‥‥‥‥‥‥‥‥‥‥‥‥‥‥‥22

（１）職能資格制度の特徴　23

（２）職務等級制度の特徴　24

（３）役割等級制度の特徴　24

４．組織モードの双対原理　‥‥‥‥‥‥‥‥‥‥‥‥‥‥‥‥‥‥25

５．リサーチクエスチョンと分析結果‥‥‥‥‥‥‥‥‥‥‥‥‥‥27

（１）社員格付け制度の変化（RQ1）　27

（２）人事部の変化（RQ2）　29

（３）社員格付け制度と人事部の補完性の変化（RQ3）　31

６．む　す　び‥‥‥‥‥‥‥‥‥‥‥‥‥‥‥‥‥‥‥‥‥‥‥‥35

―日本型人事システムの今日的特徴―

（１）社員格付け制度の多様化と役割等級制度の普及　35

（２）人事部の特質の多様化　36

（３）社員格付け制度と人事部の２つの補完的組み合わせ　37

第２章　人事ポリシーと従業員の働きがい ――――――― **42**

１．はじめに　‥‥‥‥‥‥‥‥‥‥‥‥‥‥‥‥‥‥‥‥‥‥‥43

（１）近年の人事管理のトレンド　43

（２）因子分析による人事ポリシーの抽出　45

２．分析フレームワーク　‥‥‥‥‥‥‥‥‥‥‥‥‥‥‥‥‥‥‥47

（１）人事ポリシーと従業員の働きがいの関係　47

（２）状況要因による影響（外的整合性）　47

（３）人事ポリシー同士の補完性（内的整合性）　50

３．分析結果　‥‥‥‥‥‥‥‥‥‥‥‥‥‥‥‥‥‥‥‥‥‥‥51

（１）記述統計量　51

（２）仮説検証１（人事ポリシーの直接効果）　52

（３）仮説検証２（外的整合性）　53

（４）「なすべきこと」と「できていること」の対応関係　56

（５）仮説検証３（内的整合性）　58

目　次　(7)

4．む　す　び ……………………………………………………… 59

第3章　人事ポリシーと組織文化 ──────────── **63**

1．はじめに ………………………………………………………… 64

2．組織文化と人事システムの関係 ……………………………… 65

　（1）組織文化とは　65
　（2）組織文化における人事システムの位置づけ　67
　（3）日本企業における組織文化と人事管理　69

3．分析フレームワーク　………………………………………… 70

　（1）組織文化の診断　70
　（2）人事ポリシーとの関係　73

4．日本企業の組織文化類型と人事ポリシー ………………… 73

　（1）日本企業における組織文化の傾向　73
　（2）クラスタ分析による組織文化の類型化　74
　（3）組織文化と人事ポリシーの平均比較　75
　（4）今後の日本企業の人事ポリシーと組織文化の方向性　76

5．む　す　び …………………………………………………… 77

第Ⅱ部　各論：人材の多様化と育成

第4章　人材育成と参加的意思決定 ──────────── **82**

1．はじめに ……………………………………………………… 83

2．意思決定への参加 …………………………………………… 84

　（1）組織の意思決定　84
　（2）日本企業の意思決定　84
　（3）参加的意思決定　86

３．日本企業の人事システムと参加的な意思決定 ・・・・・・・・・・・・・・・・・・・・・・・ 87

（１）社員格付け制度（人事等級制度）　87

（２）人材育成　88

（３）人事システムと意思決定の相互補完的な関係　88

４．仮説と調査デザイン ・・・ 89

（１）仮　　説　89

（２）調査デザイン　90

５．分　　析 ・・ 91

（１）分析の枠組み　91

（２）分析結果　92

６．考　　察 ・・ 96

７．むすび ・・ 97

第5章　働き方改革の現状と未来 ——————————— **102**
— 人材の多様化に着目して—

１．はじめに ・・・ 103

（１）働き方改革を巡る背景　103

（２）働き方改革の定義と課題　104

２．働き方改革施策の実態と類型 ・・・・・・・・・・・・・・・・・・・・・・・・・・・・・・・・・・ 106

（１）働き方改革施策の利用状況（記述統計）　106

（２）働き方改革の類型化（探索的因子分析）　107

３．働き方改革施策とパフォーマンス ・・・・・・・・・・・・・・・・・・・・・・・・・・・・ 110

（１）働き方改革施策とパフォーマンス指標の関係性（相関分析）　110

（２）働き方改革施策の機能要件（重回帰分析）　113

４．考察と展望 ・・・ 121

（１）働き方改革の実際と類型　121

（２）働き方改革とパフォーマンス　122

（３）働き方改革の社員格付け制度との関連性　123

目　次　(9)

　5．むすび …………………………………………………………… 124

第6章　グローバルリーダーの条件 ─────────── **128**

　1．はじめに ………………………………………………………… 129

　2．グローバルリーダーの要件……………………………………… 130

　　（1）グローバルリーダーに求められる様々な要件　131
　　（2）日本企業におけるグローバルリーダーの共通要因　134

　3．グローバルリーダーの選抜基準 ………………………………… 136

　　（1）人事システムの日米の違い　136
　　（2）日本企業がグローバルリーダーを選抜する際の基準　138

　4．グローバルリーダーの置かれる環境 …………………………… 139

　　（1）日本企業におけるグローバルリーダーの置かれる環境　139
　　（2）グローバルリーダーの置かれる環境　141
　　　　─日本企業の本社拠点と海外拠点の組織編成原理の現状─

　5．グローバルリーダーの要件・選抜基準と置かれる環境との関係 … 142

　　（1）組織編成原理とグローバルリーダー充足度の関係　143
　　（2）海外拠点の組織編成原理とグローバルリーダー要件，選抜基準との関係　144
　　（3）考　　察　144

　6．むすび …………………………………………………………… 146

エピローグ　日本の人事システムの変貌と今後の行方 ─────── **151**
　　　　　　─組織志向と市場志向の止揚─

　1．はじめに ………………………………………………………… 152

　2．アメリカの人事システムの変貌 ………………………………… 153

　3．日本の人事システムの変貌……………………………………… 155

　　（1）非正規雇用労働者の基幹化と市場志向の浸透　155
　　（2）事業展開のグローバル化と市場志向の浸透　157

（10）

　4．ハイブリッド型人事システムへの転換 ……………………… 159

　　（1）エンプロイヤビリティ・パラドックスの解消　　161

　　（2）組織志向と市場志向を止揚する役割等級制度　　162

　　（3）人事権のライン分権と人事部による人事情報の収集蓄積　　162

　5．む　す　び …………………………………………………… 163

補　　　録 ―――――――――――――――――――――――― **167**

　A）「人材マネジメントの新展開」調査研究プロジェクト …………… 168

　B）アンケート調査の協力依頼状 ……………………………………… 169

　C）アンケート調査票　………………………………………………… 170

　D）集計結果（調査報告書）…………………………………………… 191

あとがき ――――――――――――――――――――――――― 227

事項索引 ――――――――――――――――――――――――― 229

人名索引 ――――――――――――――――――――――――― 233

執筆者略歴等 ――――――――――――――――――――――― 235

日本の人事システム

―その伝統と革新―

プロローグ

日本の人事システム
―その伝統と革新―

━ 本章のねらい ━

　このプロローグでは，本書全体の構想とその文脈，章の流れと概要について述べる。

　我々の調査の結果，グローバル市場主義の急速な進展に伴って，日本企業の人事システムは，従前の共同体的な組織体制から一層の市場対応が可能となる体制へと大きな変貌を遂げつつあることが窺える。但し，現状においてもなお，完全に英米流の市場主義を模倣するよりも，むしろ旧来の日本型人事システムとの連続性―人事部による従業員の人事情報の長期的な蓄積と運用，労使双方のニーズの合致志向，家族主義的な組織文化，低職位層の意思決定への起案書作成段階における限定的参画，グローバルリーダーの内部育成志向―をある程度意識しつつ，そのうえで透明性・納得性の高い実力主義に基づいた評価・報酬付与が行われる人事システムが模索されている。

　一見すると二律背反と捉えられがちな「人材育成」と「実力主義」の双方を併存させようとする志向性が，日本企業の人事システムの今日的特徴をなしている。

1. 基盤としての日本的経営論

本書の主題「日本の人事システム」を検討するうえで避けて通れないのが，その基盤としての「日本的経営」に関する議論である。日本的経営論の射程は，人事システムにとどまらずより広範であるが，これまで日本企業の組織や人事管理に関する主な議論は日本的経営のコンテキストで論じられてきた。以下でそのエッセンスをごく簡単に概観してみよう[1]。

一般に「日本的経営」という術語は，日本企業における経営の各側面が他国のそれらとは異なっていることに注目する場合に総称的に用いられてきた概念である。1950年代以降今日に至るまで，この日本的経営に関する諸説が内外の研究者によって理論的・実証的に検討されてきた。その詳細な系譜を振り返ることはここではしないが，日本的経営の特徴としては主に以下のような論点が議論されてきた[2]。

1つは日本的経営の本質，すなわち日本企業固有の経営的特徴はいかなる点に求められるかについてである。主な議論としては，Abegglen（1958）による「三種の神器」（終身雇用，年功序列賃金，企業別労働組合）論を起点に，集団主義をベースにした経営家族主義・経営福祉主義論（間, 1964；1979），津田（1977）による生活共同体論，三戸（1991）による「家の論理」のほか，岩田（1977）による日本人論などの系譜を挙げることができよう。極めて単純化してこれらの共通項を探れば，いずれの議論においても，「個人」概念が明確で当然のものとして存在する欧米に対し，それが根付いておらず曖昧で，個人よりも集団全体に一括して焦点が当てられた経営スタイルが日本的経営の固有の特徴として捉えられてきたといってよい。

もう1つの論点は，そうした"固有"の特徴が真に日本企業のみに見られる特徴であるかどうか，すなわち国際的な普遍性があるか否かに関する議論である。小池（1994）は労働経済学の立場から，長期雇用や年功序列といった慣行は，例えば先任権制度のように米国企業においても同様に観察することができ，し

たがって日本企業経営スタイルのみが世界的にみて特殊であるわけではなく，その差は程度の違いに過ぎないと主張する。日本的な特性は，むしろ現場で働く作業員が知的熟練を身につけており，柔軟で迅速な「異常への対応」が可能である点にこそ求められるとした。その後，こうした世界にも通じるべき特性を具備した日本企業の経営システムは日本的経営から区別された「日本型経営」と称され，日本的経営の特殊性と普遍性といったテーマの下，学界で大いに議論されていくこととなった。

　しかし，その後 1990 年代に入って，バブル経済の崩壊に伴う日本企業の業績低迷に伴い，日本的経営論は表立って議論される機会は急速に縮小していく。昨今では，日本的経営という用語それ自体，目にすることが少なくなっている。日本固有の特徴に固執した経営手法より，グローバリゼーションが急速に進展する中，むしろいかに国際標準に合った経営システムを構築するかがいわば当然視され，日本企業は未だ"後れ"をとっているといった論調も巷間では取りざたされるようになった。

　要するに，日本的経営に関する議論はこれまで様々あったものの，これぞ決定版というような研究成果が出されることもなく，学界としての総括が十分になされないまま尻すぼみになり，幕が引かれようとしている感がある。

　ただ，いずれにしても，日本企業に特徴的な経営スタイルとして，その特殊性を強調する場合には，一企業を「家」に見たてるような共同体として捉え，従業員相互間のある種の信頼感がその基盤に据えられていた。こうした特性がグローバリゼーションに伴う経済社会情勢の変化とともに，徐々に変質しつつあるのが今日的情況であるとみてよい。

2. 日本的経営の展開

　筆者自身も 1990 年代以降，今日まで幾度かにわたり，日本的経営に関する実証研究に携わる機会があった。以下でごく簡潔に調査目的，調査対象，主な

結果，結論を要約してみよう[3]。

（1） 柔構造組織プロジェクト（1992年）

　ME（Microelectronics）技術等の新技術革新の下，日本企業の作業組織・管理組織にどういった変化が生じているかを知る目的で調査した。調査対象は従業員100人以上の日本の上場企業1,212社（有効回答433社，回収率35.7％）であった。結果，現場作業組織はチーム型で柔軟に構成されており，知的熟練が観察されたのと対照的に，管理組織では階層構造を維持し，あまり変わっていない企業が多いことがわかった。結論として，知識労働者が軸となる強い現場と，秩序維持を旨とする硬い管理組織が日本企業の特徴であり，日本的経営論は人事制度を旨とするアベグレン流の「三種の神器」論に代え，仕事の基盤となる組織の在りように焦点を当てた組織論として展開・分析される必要性が論じられた（奥林ほか，1993）。

（2） 「技術と組織」に関する日英異文化間比較プロジェクト（1997～98年）

　IT（Information Technology）等の新技術が組織構造や職務内容に与える影響が，国レベルの文化という要因によりどのような異同があるかについて比較調査した。日本的経営そのものが直接の調査目的ではなかったが，技術利用の態様に日本の文化や精神性からくる固有の特徴が表れているかが研究関心であった。調査対象は従業員100人以上の日本企業2,701社（有効回答1,226社，回収率45.9％），英国企業949社（同199社，22.5％）であった。分析の結果，普遍性の高いITであっても，日本企業では英国企業に比して，より集団ベースで，かつ統制 ないし秩序維持目的で利用されていることなど，国ごとの文化の影響がその利用形態に現れていることが明らかになった。いわば，グローバリゼーションやITの普及下でも，個々の組織過程やオペレーションにおいてはあくまで日本的特性が残り，同一の経営システムに収斂することはないという点が発見事実であった（上林，2001；Kambayashi, 2002）。

（3） 日本型人的資源管理のパラダイム探求に関する研究（2003 ～ 10 年）

IT の発達やグローバル化の進展に伴い急速に日本企業の人事システムが変化しつつあるという問題意識の下，仕事のあり方や人的資源管理の諸制度（雇用，育成，評価，賃金・福利厚生，企業内労使関係）がどのように変化しつつあるかについて，日本の大企業を中心に聞取り調査や事例研究を行った。例えば，当時盛んになりつつあった MBA（ビジネススクール）教育を日本の大企業がどの程度信頼し役立てているかを調査したり，いわゆる成果主義人事の具体的態様やその影響を調査したり，あるいは 2007 年問題として話題になった現場の技能伝承に関わる問題の整理を試みたりした。結果，日本企業の人的資源管理においても米国流の市場主義を基礎にした諸制度が徐々に根付きつつあることを確認した（Kambayashi, Morita and Okabe, 2008；上林, 2007 他）。

（4） 変貌する日本型経営プロジェクト（2012 ～ 13 年）

人的資源管理の領域を超え，企業全体で市場主義の影響が現れているかを調査したのが，日本学術振興会産学協力研究委員会経営問題第 108 委員会で行ったプロジェクトである。体系的な質問票調査等は行っていないが，日本企業の統治機構，企業戦略，財務，技術，組織・人事の各側面で市場主義の影響がいかに現れているかについて，プロジェクトのメンバー各自がアプローチし得られたデータから分析がなされた。その結果，統治機構の面においては，日本企業でも米国型ガバナンスが指向されたが，その導入企業では逆機能が顕在化していること，戦略面では市場主義の浸透が進み，グローバル市場で収益の拡大をますます志向するようになっていること，財務や技術の側面においては，グローバルな基準に合せようとする志向性が強いこと，然るに組織・人事面では，米国型に近い仕組みを取り入れつつも，他方で日本的な在り方も残存させており，むしろ日本企業のコンテキストに合った仕組みづくりが模索されていること，などが明らかになった。

要するに，2010 年代の日本企業の在り方は，組織・人事以外の側面では急

速な市場主義の浸透が顕在化しているのに対し，組織・人事面ではその浸透が他の諸側面ほどではなく，その変化の程度も緩慢であることが発見事実であった（上林編，2013）。

3. 日本的経営への変革圧力
―グローバル市場主義の進展―

　筆者は，これら一連の調査結果の変遷を，1990 年代以降に我が国に拡がった経済社会情勢の変化，とりわけ①グローバリゼーションの進展，②IT の発達，③市場主義的発想法の 3 点が，急速に日本の企業社会に浸透して日本企業にもたらされた変遷過程の示唆として捉えている。こうした日本企業への変革圧力を，本書では「グローバル市場主義」という術語で称することとする。

　明確に定義しておこう。「グローバル市場主義」とは，1990 年代以降に英米発の新自由主義経済政策とともに勃興してきた思想や発想法を指す。この用語には，90 年代以降に飛躍的な発達を遂げた ME や IT，AI（Artificial Intelligence）などの技術進歩および当時同じく急進展しつつあった国際化・グローバリゼーションが相俟って，市場による自由な調整能力を信奉する思想的立場（市場主義）を強調する意味合いを込めている。市場メカニズムへの信奉がグローバリゼーションとともに強化・波及されていく様を強調すべくこの用語で称するが，内容的にはいわゆる「新自由主義」や「グローバル資本主義」と同根の概念として捉えてもひとまず差し支えない。

　前節（1）から（4）へと至る一連の調査結果について，細部を捨象し端的に纏めるならば，グローバル市場主義の発想法が日本企業へ浸透するに伴って，総じて日本的経営の強みといわれてきた共同体的システムが瓦解し，それに代えて市場主義を基盤とするシステムへと変更を余儀なくされつつある現状への変遷を示唆しているといってよい。いわば，日本企業の現場力の源泉となっていた共同体―従業員相互の社会的関係が基盤―が徐々に後退してゆき，交換・

代替可能性を念頭に置き透明性の高い市場機構が企業内部にまで浸透して，社会的関係よりもむしろ経済的関係を基盤としたシステムへと（長期にわたる人の関係のシステムから短期の取引決済システムへと）変貌しつつある過程として理解することができるであろう。換言すれば，時代を下るにつれ日本的経営の個性が喪失され，英米化が進展しつつあるということである。

　そこで，日本的経営のいわば“最後の砦”ともいうべき組織・人事の側面での日本企業の変容がいかほどのものであるかが，本書の以下での焦点となる。

　以下の各章での検討に先立って，こうしたグローバル市場主義の発想法が現在の日本企業や日本社会の全般に対し，どのように影響していると論じられているか，次節で概観してみよう。

4. グローバル市場主義のインパクト

　グローバル市場主義の進展は，日本企業の経営の各側面に多大なインパクトを及ぼしつつある。

　企業統治面では，伝統的な日本型ガバナンスに代え，執行役員制や社外取締役の登用，委員会設置会社の選択・移行などの措置が取られ，昨今では新たなコーポレート・ガバナンス・コードの導入や監査等委員会設置会社の制度が導入されるなど，グローバル市場主義に合致させる方向での制度変更が激しく，それらの分析も縷々行われつつある。

　ここ数年で急速に進んだガバナンス改革，とりわけ東証によるコーポレート・ガバナンス・コードの制定・導入や社外取締役の増員など，客観性・透明性を目指したグローバル市場主義の各機構が日本企業の統治システムにどういった影響を及ぼし，経営者の行動をどのように牽制できているかが具体的に調査・分析されつつある。多くの日本企業で，社外取締役が有効に機能しているかどうか疑わしいとされるが，そうした実態とありうべき限界や問題点，解決策を探ることが，昨今の日本企業の重要課題となっている（田中，2014）。

企業戦略面では，多くの日本企業がグローバルに活動範囲を拡げる中，従前では重視されてきた長期の事業存続やそれを踏まえた地域社会への貢献といった目的に代え，より短期の利益重視の姿勢が強まりつつある。そうした中，何が我が社にとって重要な戦略課題であるかがわからなくなっている日本企業が，ここ数年で大きく増加している（日本能率協会，2017）。グローバル市場主義がますます進展する下で，こうした企業戦略の方向性や具体的な立案状況，そのもととなる経営理念等を調査・分析することが目下，産学双方の重要な検討課題となっている。とりわけ，経営理念と戦略，人事制度との一貫性が重要であるという認識が学界・実務界双方で高まりつつあり，そうした点の検討が戦略的人的資源管理論の枠組みの下，試行されつつある（松山，2015）。

　生産・技術管理面や販売管理面においても，IT の発達を基礎に，いかに標準化による低コスト化と顧客志向とをうまく両立させるかを勘案したマス・カスタマイゼーションの考え方が普及浸透しつつある。大量生産を基礎に置き標準化志向を堅持しつつ，それぞれの顧客の要請にもこまめに対応するマス・カスタマイゼーションがここ数年で急速に日本企業にも浸透し，より迅速かつきめ細かな対応がなされつつある。さらに，Industry 4.0 構想や IoT（Internet of Things）の進展によって技術的標準化が進み，個別企業の競争優位性をいかに追求するかが各社の課題となっている。これらの動向が，実際にどの程度日本企業に浸透しているか，英米企業との異同はどの程度あるかが学問上の重要な検討課題になっている（原・宮尾，2018）。

　本書で対象とする組織・人的資源管理の側面は，扱われる対象が生身の人間であり，グローバル市場主義の負の影響が最も深刻に表れやすい領域である。日本企業にも非正規雇用が増えている現状の分析や，伝統的な職能給に代えて，大括りの職務をベースにした役割給が主流になってきていること，あるいは経営理念や戦略と現場組織との合致の程度等々の実証研究が，それぞれのアプローチに則って実証的に検証がなされつつある（平野・江夏，2018）。

　他方，雇用，育成，評価，報酬などの人事制度が市場主義的な諸要素を盛り込んだものへと改変されつつある中で，当該組織で働く従業員の心理や行動面は，必ずしもそうした制度対応に応じきれていない現状がある。所属組織に忠

誠心をもった従業員は従来に比して明らかに減少しているが，かといって現状の日本企業が長期視点での人材育成を全く志向しなくなったのかといえば必ずしもそうではなく，本書第1章で詳述されるように，むしろ日本企業の人事部は個人の人事情報を掌握し，配置や育成に役立てようと努力している。ユニークで「尖った人材」をいかに採用し，育成するかが，昨今の多くの日本企業に共通する人材マネジメント上の焦眉の課題となっている（上林・三輪，2015）。

　グローバル市場主義のインパクトは私企業の経営にとどまらない。本来であれば事業の性格上市場主義には馴染みにくい非営利事業についても，昨今の我が国においては市場主義的な発想の下で運営されることが多くなっている。例えば，病院組織は収益が上がらなければ事業継続が困難となり，収益改善が重要であることは事実であるが，市場主義は医療や看護サービスの質に負の影響をも及ぼすことが知られており，その実態について調査・分析が行われつつある（松尾，2009）。

　また学術・教育面でも，目先の「すぐに役立つ」研究がとかく重視されがちで，すぐに結果は出ないが本来は社会的に必要不可欠なテーマや概念的研究は敬遠されがちな状況となっており，こうした現況の放置は，今後の日本社会に多大な負の影響を及ぼしかねない（上林，2019a）。グローバル市場主義のもたらすこうした負の側面については未だ十分な検証はなされていないものの，グローバル市場主義の進展が非営利事業を含むこうした各次元にどういった意義や効果をもたらし，また負の影響を与えているか，企業経営や産業界との関連や異同をも視野に入れた具体的な調査・分析が，まさにいま強く要請されている。

5. 日本の人事システム
―本書の構成―

　第2節で言及したように，筆者が関わった前回の調査時点（2012～13年）で

は，組織・人事面に関しては，他の経営の諸側面に比して劇的な変化は観察されず，ある種の日本的特性を堅持しているということが暫定的結論であった。

　ただ，前節でみたグローバル市場主義の広範かつ深遠なインパクトを踏まえれば，前回調査で見られた日本的特性はさらに侵食され，後退している可能性がある。したがって，およそ5年が経過した2018年現在でもなお，こうした日本的特性が維持されているか否か，あるいはグローバル市場主義に合致させる方向での変更がより一層進みつつあるのかを調査すべく，我々は（一社）日本能率協会の協力を得て，郵送質問票調査を行うこととした。

　当該調査のプロセスやデータの構造の詳細については本書の巻末補録（167頁以下）に譲るが，調査時期は2017年5月から8月まで，調査票の送付先は従業員数100名以上の上場企業2,500社および外資系企業500社の計3,000社の人事部長宛てである。回答のデータは，郵送による返却ないし同協会のウェブサイト上の回答画面に入力を依頼する形で収集した。有効回答数は134社（回収率4.5%）である。以下の各章においては，この調査で得られたデータをもとにそれぞれの分析が試みられている[4]。

　まず本書第Ⅰ部では，総論として，日本企業における人事システムの現状を把握すべく，人事部の役割とそこでの基本方針（人事ポリシー），それを背後で支えている組織文化が分析される。

　第1章「人事部の新しい役割―社員格付け制度との関連から―」（平野）では，日本企業の人事部が果たしている今日的役割が社員格付け制度との関連において分析される。その結果，日本企業の社員格付け制度の主流は，グローバル市場主義の影響を受け，旧来の組織志向と新しい市場志向との並立を狙った「役割等級制度」となっていること，また社員格付け制度を職能資格から役割等級へと移行させる場合，従前どおり人事部が人事情報を収集蓄積したうえで，適材適所のキャリア開発が可能となるようライン管理職を支援し，キャリア相談等を通じ社員の自律的キャリア意識を涵養する施策が有効性を持つと主張されている。

　第2章「人事ポリシーと従業員の働きがい」（江夏）においては，こうした日本企業の新しい人事施策を根底で支えている人事ポリシーについて検討され

る。自社のみならず他社でも通用する汎用的能力の涵養を重視する「エンプロイヤビリティ重視」志向，会社の戦略に合致するように従業員の成長を支援する「個別化された能力開発」志向，個人属性に関わりなく実力や成果に応じた評価や報酬を付与する「実力・貢献主義的処遇」志向の3つの基本的な人事ポリシーが確認できることがデータに基づき明らかにされている。とりわけ，従業員の働きがいは「実力・貢献主義的処遇」を追求する企業ほど高い傾向にあることなど，興味深い結果が示されている。

第3章「人事ポリシーと組織文化」（庭本）では，こうした人事ポリシーを基盤から支えている組織文化について検討される。その結果，日本企業における組織文化も変容しつつあり，日本的な家族主義的色彩の濃いクラン型の組織文化は残存させながらも，市場志向や統制志向といった要素をも包含した混合形態へと徐々に変わりつつあることが明らかにされている。また，人事ポリシーと組織文化の関係では，「バランス志向」（全ての要素を備え，尖った部分のない）組織文化を有する日本企業が「エンプロイヤビリティ重視」「個別化された能力開発」「実力・貢献主義的処遇」を意識する傾向が高い。とりわけ，ビューロクラシー志向に比べバランス志向の組織文化を有する企業の方が「実力・貢献主義的処遇」を志向していることが明らかにされている。

　第Ⅱ部では，日本企業の人事システムにまつわる各論やトピックスに関して，とりわけ昨今ホットイシューとなっている人材の多様化およびその育成に焦点を当てながら検討が加えられる。

第4章「人材育成と参加的意思決定」（浅井）では，日本型の意思決定スタイルについて検討されている。従来，日本企業の意思決定はボトムアップ型とされ，特にロワーやミドル層が経営的な意思決定に参加することが特徴であるとされてきた。しかし，本章の分析によると，日本企業の意思決定では，こうした低職位層は稟議制度の起案・提案の形で意思決定プロセスに参画しているに過ぎず，最終的な決定権はあくまで経営幹部にある。低職位層が各種意思決定への「起案」段階で幅広く参画することを通じ，彼らの業務内容の理解や業務遂行能力の向上が促進され，結果的に将来の管理職候補の育成へとつながっていることが明らかにされている。

第5章「働き方改革の現状と未来 ─人材の多様化に着目して─」（余合）では，政府により目下推進されている「働き方改革」のあり方について，その施策の機能と条件とが明らかにされている。本章の分析によると，働き方改革の内実は，女性活躍推進施策，労働時間削減施策，勤務形態見直し，みなし時間制，限定正社員制度，既存制度の見直しという6つの施策群から構成される。分析の結果，明瞭な因果関係は確認できないものの，それらの施策群と女性の管理職比率や売上の伸び率といった指標と相関があることが窺える。働き方改革の施策は，法令遵守の意識や社会的要請が先導して導入される印象が強いが，むしろ企業の活動成果にポジティブに作用している点で，企業が主体的に推進する意義のある施策であると結論づけられている。

　第6章「グローバルリーダーの条件と方向性」（島田）においては，昨今議論の喧しい「グローバルリーダー」のあり方について検討されている。本章によると，日本企業においてもグローバルリーダーの必要性が喧伝されるが，日本企業におけるその態様は米国企業のそれとは異なっている。日本企業のグローバルリーダーは，米国企業のような普遍的で短期視点での利益追求でなはなく，より長期視点で育成を重視する行動をとる。とりわけ日本型のチーム組織を海外拠点でとっている日本企業では，グローバルリーダーは，当該組織の置かれた状況に合致するよう計画的に内部育成されていることが明らかにされている。

　日本型人事の行方の詳細に関しては本書の**エピローグ**で述べるが，結論を先取りしていえば，グローバル市場主義の進展に伴い，日本企業の人事システムの現状は，ここ5年ほどでさらに一層の市場対応が可能となる体制へ変貌を遂げつつあるということである。

　但し，現状においてもなお，日本企業における市場主義の具体的態様は，米国のそれとは一線を画する。むしろ旧来の日本型人事システム（人事部による従業員の人事情報の長期的な蓄積と運用，労使双方のニーズの合致志向，家族主義的な組織文化，低職位層の意思決定への起案書作成段階における限定的参画，グローバルリーダーの内部育成志向）との連続性をある程度意識しつつ，そのうえで透明性・納得性の高い実力主義に基づいた評価・報酬付与が行われる人事システ

ムが模索されている点は注目に値する。

とりわけ，一見すると二律背反と捉えられがちな「人材育成」と「実力主義」を両立させようとしている志向性—全員一律で底上げ的に育成する従前の方式とは違った，メリハリの効いた実力・貢献主義的な個別的人材育成—が，昨今の日本企業の人事システムの大きな特徴であるといってよい。エピローグで述べるように，それは組織志向と市場志向の「ハイブリッド型人事システム」として位置付けることができるであろう。

＜注＞

1）ここでの議論は，日本経営学会第92回大会の統一論題「日本的経営の現在」における筆者の報告に一部依拠している。詳細は上林（2019b）を参照されたい。

2）ここでの整理については，勝部（2018）を参照した。

3）これらの調査は，当然ながらいずれもその都度の目的と方法，調査対象，分析手法が異なっており，日本的経営や人事の変遷に関する一貫した体系的結論をこれらから導出することはできない。その意味ではあくまで筆者の研究歴の記録に過ぎないが，本書の主題となる「日本の人事システム」に関する筆者なりの問題意識を説明するうえでの一助として理解されたい。

4）各章で分析される日本企業の側面は，当該プロジェクトメンバーの個人的な研究関心に基づいて選択されたものであり，グローバル市場主義がもたらした日本企業経営の全般が体系的に分析されているわけではない。加えて，アンケート調査の回収率も低位にとどまっており，サンプルバイアスの危惧を孕んでいることは，今後に残された課題として認識している。しかしながら，以下の分析にあたっては，グローバル市場主義の進展に伴う日本企業の人事システムの変容という論点を各章とも念頭に置いてアプローチされており，日本の人事システムの伝統と革新の論理についてはそれなりに明らかにされていると考えている。

＜参考文献＞

Abegglen, J. C. (1958) *The Japanese Factory: Aspects of its Social Organization*, Free Press.（占部都美監訳『日本の経営』ダイヤモンド社，1958年。）

Inagami, T. and Whittaker, D. H. (2012) *The New Community Firm*, CUP.

Kambayashi, N. (2002) *Cultural Influences on IT Use: A UK-Japanese Comparison*, Palgrave.

Kambayashi, N., Morita, M. and Okabe, Y. (2008) *Management Education in Japan*, Chandos.

Kambayashi, N. ed. (2014) *Japanese Management in Change: The Impact of Globalization and Market Principles*, Springer.

岩田龍子（1977）『日本的経営の編成原理』文眞堂。

奥林康司・庄村長・竹林明・森田雅也・上林憲雄（1994）『柔構造組織パラダイム序説—

新世代の日本的経営　』文眞堂。

勝部伸夫（2018）「日本的経営の過去・現在・未来―新・日本的経営の可能性―」日本経営学会第 92 回大会報告要旨集，2-9 頁。

上林憲雄（2001）『異文化の情報技術システム―技術の組織的利用に関する日英異文化間比較―』千倉書房。

上林憲雄（2007）「2007 年問題と日本企業の協働力・組織力」『関西経協』第 61 巻 4 号，2007 年 4 月，10-16 頁。

上林憲雄（2019a）「経営学に未来はあるか？―経営学史研究の果たす役割―」経営学史学会編『経営学の未来（経営学史学会年報第 26 輯）』文眞堂，7-18 頁。

上林憲雄（2019b）「消えゆく日本的経営―グローバル市場主義に侵食される日本企業―」日本経営学会編『経営学論集（第 89 集）』（近刊）。

上林憲雄編著（2013）『変貌する日本型経営―グローバル市場主義の進展と日本企業―』中央経済社。

上林憲雄・三輪卓己編著（2015）『ケーススタディ　優良・成長企業の人事戦略』税務経理協会。

小池和男（1994）『日本の雇用システム―その普遍性と強み―』東洋経済新報社。

田中一弘（2014）『「良心」から企業統治を考える』東洋経済新報社。

津田真澂（1977）『日本的経営の論理』中央経済社。

日本能率協会編（2017）「日本企業の経営課題 2017」日本能率協会ウェブサイト＜ https://www.jma.or.jp/keikakusin/pdf/keieikadai2017.pdf ＞（アクセス日：2019 年 1 月 3 日）。

間　宏（1964）『日本労務管理史研究―経営家族主義の形成と展開―』ダイヤモンド社。

間　宏（1979）『経営福祉主義のすすめ』東洋経済新報社。

原拓志・宮尾学編著（2018）『技術経営（ベーシックプラス）』中央経済社。

平野光俊・江夏幾多郎（2018）『人事管理―人と企業，ともに活きるために―』有斐閣。

松尾睦（2009）『学習する病院組織―患者志向の構造化とリーダーシップ―』同文舘出版。

松山一紀（2015）『戦略的人的資源管理論―人事施策評価へのアプローチ―』白桃書房。

三戸公（1991）『家の論理（第 1 - 2 巻）』文眞堂。

（上林憲雄）

第Ⅰ部

総論：日本企業の人事システム

第1章

人事部の新しい役割
―社員格付け制度との関連から―

― **本章のねらい** ―

　これまで日本企業の人事部は人事権と社員個別の人事情報を持つ「強い人事部」として捕捉されてきた。本章では，社員格付け制度と人事部の役割の補完的関係に着目し，今日の日本型人事システムの実態と，それが機能的となりうる論理を検討した。その結果，「職能資格制度と人事権の人事部集中」と「役割等級制度と人事権のライン分権」の異なる2つの補完的組み合わせが存在することが分かった。同時に，職能資格制度から役割等級制度に移行した企業であっても，これまでと同様あるいはそれ以上に，人事部が社員の粘着的人事情報を収集蓄積していることも分かった。以上の結果から次のことが主張される。第1に，今日の日本企業の社員格付け制度は，職能資格制度，役割等級制度，職務等級制度の3つのタイプに多様化しているが，そのトレンドは，市場志向と組織志向を両立させる役割等級制度である。第2に，役割等級制度に移行するのであれば，人事権をラインに分権化する，すなわち「強い人事部」を単に「強い上司」に置き換えるのではなく，人事部が人事情報を収集蓄積し，適材適所のキャリア開発を実現するようライン上司と個人を支援し，キャリア相談等を通じて社員のキャリア自律意識を高めていくことが重要である。

1. はじめに

　本書の基本テーマは「日本の大企業・中堅企業」（以下，日本企業という）の
人事システムの今日的特徴を捉えることである。しかし人事システムは本来企
業独自のものである。また人事システムは現実の管理活動のなかから自生的に
生み出されたものであり歴史的に変化する（仁田・久本, 2008）。よって日本の
様々な企業の人事システムを一般化し，さらにその変遷をたどるには，これま
で議論されてきた日本企業の人事システムの「様式化された事実」（stylized
fact）[1] を捉え，それとの比較をしなければならない。それでは日本型人事シ
ステムはいつごろ成立したのか。

　仁田・久本（2008）は雇用状況の変化という観点から，戦後の時代区分を4
つに分ける。すなわち「戦後復興期」（1945 ～ 1960 年），「高度経済成長期」（1960
～ 1974 年），「安定成長期」（1975 ～ 1996 年），「平成雇用不況期」（1997 年～）で
ある。本章では，彼らに倣って，高度経済成長期に原型がつくられ，安定成長
期に全面的展開を遂げた日本企業の正社員に特徴的な人事管理を「日本型人事
システム」と呼ぶことにしよう。

　仁田・久本（2008）は，山一證券や北海道拓殖銀行が破綻した 1997 年～
1998 年が，日本型人事システムの混乱・動揺が広がった変節点であったとみ
る [2]。以降，日本企業の人事システムはグローバル市場主義に浸食されていく
こととなる。すなわち企業は人件費の削減と変動費化に取り組み，人・能力を
基軸とした社員格付け制度，すなわち職能資格制度を見直し，成果主義を取り
入れ，非正規雇用労働者の量的・質的基幹化を急速に進めた。それから 20 年
余り，日本型人事システムはどのように変貌したのであろうか。本章では，日
本型人事システムを特徴づける主要なピースである社員格付け制度と人事部の
役割の補完的組み合わせという観点から，このテーマにアプローチする。

　日米企業の雇用システムを比較研究した Jacoby（2005）が「キングメーカー」
（陰の実力者）と表現したように，日本企業の人事部は「人事権」[3]の集権性お

20 第Ⅰ部 総論：日本企業の人事システム

および人事情報の収集・蓄積および運用という点において，アメリカ企業とは一線を画す。日本の人事部はなぜ強い人事権を持っているのか。人事部の役割は，人事管理の基本システムである社員格付け制度をはじめとする人事システムに規定される（平野，2006）。つまり日本の人事部の変化を分析することは，日本型人事システム全体の今日的特徴を把握するうえで有効な方法なのである（島貫，2018）。

本章の構成は以下の通りである。続く第2節において，日本企業の人事部の特徴について簡単に振り返る。第3節では，社員格付け制度についてこれまでの議論を様式化された事実のもとに整理する。第4節では，職能資格制度と人事部の役割の補完的関係を組織モードの「双対原理」（duality principle）から説明する。第5節では，われわれが手掛けた「人材マネジメントの新展開」プロジェクトの調査（以下，本調査という）のデータを用いて，社員格付け制度と人事部の特質の変貌について，両者の補完性に着目しながら分析を施す。第6節では，分析結果をもとに日本型人事システムの今日的特徴を見定め，今後の行方を展望する。

2. 日本の人事部 [4)]

歴史的に見て，日本企業の人事部は人事管理の諸機能のラインに対する強い権限関係によって特徴づけられてきた（加護野ほか 1983；山下，2008）[5)]。相対的にアメリカでは人事権はラインに移譲され人事部の社内の地位は低かった（Jacoby, 2005）。

人事権のなかでも社員のキャリアに直接かかわるのが異動である。キャリアとは，内部労働市場のなかで経験する「タテの異動」と「ヨコの異動」の時間的経路のことである。タテの異動とは職位の上昇のことであり，人事部は管理職への登用およびその後の昇進者の選抜に深く関与する。一方，ヨコの異動とは配置転換のことであり，職能（function）の範囲内で職務が変わる異動（例

えば，人事職能の中で採用担当から教育担当に変わる等），職能を超える異動（生産部から営業部へ異動する等），本社，工場，支店など事業所を移る異動がある。通常，職能内や事業所内の異動はライン管理職（以下，ラインという）の意向が反映されるが，職能や事業所を超える異動は人事部が関与する（平野，2011；一守，2016）。というのは，ラインは足元の業績向上に動機づけられているので，生産性の高い人材を囲い込む誘惑に常にかられる一方，人事部は全社最適の人材配置を目指すからである。部分最適に対する全体最適という異なる動機を持つ両者の綱引きは「異動の力学」（八代，2002）とも呼ばれる。人事部の案が通るかどうかは，人事部がどの程度人事権を持っているか，およびラインを説得するに足る社員個別の人事情報を持っているかに関わっている（平野，2006）。

　しかし，平成雇用不況期に入ると，日本の「強い人事部」は業績低迷の元凶として，その存在意義を厳しく問われるようになった。いわゆる「人事部不要論」である。その代表的な論者である八代（1998）は，人事部を，社員個別の人事の決定権を握る官僚的機構と捉え，人事権をラインに委譲すべしと主張した。その内実は，国際化と高齢化の進展から労働市場の流動化を予見し，専門能力を高めるべく個人が主体的・自律的にキャリア選択すべきであり，そのために人事部の異動への関与を廃し，社内の市場メカニズムをうまく機能させよということであった。

　ただし人事部が人事権の全てを握っているという見立ては多分にステレオタイプであり，先述したように異動はラインと人事部の協議・調整を経て決定される。それでも「日本の人事部の集権性はアメリカと比較すれば極めて強く，八代尚弘の著作をもっともな改革綱領とみせ，それを日本企業に関する議論への貢献だとするに十分な程度には真実を含んでいるのである」（Jacoby，2005，p.7，邦訳12頁）。

　さらに近年は，アメリカにおける人事部改革論に触発され，人事部を事務処理業務から解放し，その役割を再構築する議論が活発に行われている。Ulrich（1997）やUlrich and Brochbank（2005）によれば，人事部があるおかげで何がもたらされるかというデリバラブル視点から，人事部の活動は以下4つに分類される。

22　第Ⅰ部　総論：日本企業の人事システム

①戦略パートナー（戦略立案実施のパートナーとしての人事部のおかげで，よりよい戦略が構想され，実施がはかどるという成果），②変革エージェント（変革推進の担い手としての人事部のおかげで，組織開発・組織変革，職場改革，カイゼンなど，必要な変革がはかどるという成果），③従業員チャンピオン（従業員の声の吸い上げ役としての人事部のおかげで，従業員の声が経営層に届き，望むことが実現されやすくなるという成果），④管理エキスパート（事務処理の専門家としての人事部のおかげで，事務処理を一括して処理し，評価，給与管理，仕事（業績）管理がはかどるという成果）。

　Ulrich らの主張は，4つの活動のバランスをとりつつも戦略パートナーとしての役割を強化していくことが，これからの人事部のあるべき姿であるというものである。日本においても，戦略パートナーの役割を強化することが重要という意見は多い[6]。

3. 日本企業の社員格付け制度[7]

　人事部の集権性が機能的になるか否かは，社員格付け制度のタイプに依存する。企業は労働市場から特定の能力を持った人材を獲得し（インプット），職務に従事させ（スループット），成果を生み出す（アウトプット）という3段階のオープンシステムである。さらに社員格付け制度とは，組織の中の社員序列を構造化するとともに，賃金の上がり方（賃金カーブ）や決め方（賃金の算定要素），および仕事の配分を規定する人事管理の基本システムである。インプット（人・能力），スループット（職務），アウトプット（成果）のどのパラメータを用いて設計するかによって，社員格付け制度のタイプは異なることとなる。

　ただし，成果は変動性の高さゆえに社員序列という安定的な秩序とするには論理的に矛盾する（石田，2003）。したがって社員格付け制度の基本は，インプットもしくはスループット，どちらのパラメータを採用するかで決まる。人の職

務遂行能力で序列化するのが能力主義の職能資格制度であり，職務それ自体で序列化するのが職務主義の職務等級制度である。そして伝統的な日本型人事システムにおける社員格付け制度は職能資格制度であった。

（1） 職能資格制度の特徴

　職能資格制度とは，会社が認めた職務遂行能力のレベルに応じて資格等級を設定し，資格に社員を格付けして昇進や賃金決定をしていくシステムで，職務遂行能力を等級の決定基準とする。日本企業に職能資格制度が本格的に導入されるようになったのは，1965 年の日本経営者団体連盟（略称は日経連）の総会が端緒になっている。続く 1969 年に発刊された『能力主義管理―その理論と実践―』において，日経連は職能資格制度を人事制度の基軸に位置づけ，あわせて役職と資格の分離を提言した。また昇進管理においては結果業績のみならず，そこに至る全プロセスを評価すべきとし，評価する能力は顕在能力と潜在能力の両方を対象にするとした。

　職能資格制度を採用すれば，「職位のはしご」と「資格（ランク）のはしご」という二重のヒエラルキーを昇進構造に持つことになる。賃金の基本部分は社員がどの資格に位置づけられているかで決まり，上位の資格に上がれば賃金は上がる。しかし職位が上がっても資格が変わらなければ賃金に変化はない。つまり職能資格制度を採用すれば賃金は職能給となる。特定の職務と結びつかない職能給は，内部労働市場におけるインターナルバランスが重視される。職能資格制度は処遇（賃金）と配置（仕事）を分離するので，職務価値（ジョブサイズとも称される）が下がる異動であったとしても職能給は変わらない。したがって，幅広い異動がやりやすいというメリットがある。

　一方，職能資格制度には，人件費を変動費化しにくく賃金インフレ（高資格化が進み人件費が高騰）を起こしやすいという短所もある。そもそも職能資格制度の導入目的は，賃金決定における能力主義選別により年功制を改めることにあった。しかしインセンティブ強化のために等級数を増やし，その能力要件を曖昧にしたことから職能資格制度は次第に年功的に運用されるようになった。

24 第Ⅰ部 総論：日本企業の人事システム

（2） 職務等級制度の特徴

一方，職務等級制度とは，まず職務を必要なスキル，責任，難度等をもとに評価してジョブサイズを（職務価値）決める。次にジョブサイズに応じて職務をいくつかの等級（グレード）に当てはめ，昇進や賃金の基準にするシステムである。アメリカ企業によくみられる社員格付け制度である。職務等級制度を採用すれば賃金は職務給となる。職務給の水準は市場相場（マーケット・ペイ）に鑑み適宜変更される。昇級するには上位等級の職務に就くことが必要である。その際ランクアップは飛び級の場合もある。逆にジョブサイズの小さい職務に異動すると降級となることがある。つまり，処遇と配置は連動し，賃金は等級に応じて変動し，人件費の総額管理は職務（ポスト）数の増減による。

職務等級制度の長所は，年功的処遇が避けられ，担当する仕事に見合った報酬を提供できるところにある。会社への貢献度をジョブサイズに反映することは，現在就いている職務と賃金と市場相場をリンクさせることにつながる。そのうえで重要な職能資格制度との違いは，個々の社員が担っている職務のジョブサイズを評価できるのは人事部でなくラインであるということである。したがって職務等級制度では，ラインに等級決定の人事権が移行する。

（3） 役割等級制度の特徴

先述した職能資格制度の問題を解決しようと，日本企業は職能資格制度と職務等級制度の双方をとり込んだハイブリッド型を模索してきた（江夏・平野，2012）。日本企業の社員格付け原理の変化には，①能力主義から職務主義へ，②能力主義から能力主義と職務主義の混合思想へ，という2種類の流れが存在する。このうち②に当てはめられる経営実務における取り組みに役割等級制度の登場・普及がある。役割等級制度とは，役割の重要度に応じて等級を区分し，役割ベースで設定された目標の達成度（成果）を処遇に反映させる社員格付け制度である。ここで言う役割には，「職務分析・職務評価によって厳密に確定される職務価値とは異なり，経営状況や企業組織の変化を見ながら部門長によ

り柔軟に決定される」（都留・阿部・久保, 2005, 47頁）という特徴がある。ま
た役割等級制度の下での等級の決定, 特に昇降級においてはジョブサイズの大
小や変化に基づきつつも, 能力伸張への配慮がなされている（石田・樋口,
2009）。職務定義に能力規定を付加的に組み込むという点で, 能力主義と職務
主義の双方の性質を備えた社員格付け制度であるといえる。

4. 組織モードの双対原理 [8]

　社員格付け制度のタイプは, 経営パフォーマンスにどのように作用するのか。
その説明原理を提供するのが組織モードの双対原理である（青木, 1989）。ひと
まず, 組織を外部環境との間で様々な資源のやりとりに依存している情報処理
装置と捉えれば, 組織が環境に適合した合目的な行動をとるためには, 的確な
「情報システム」（情報処理, コミュニケーション, 決定のシステム）が必要と
なる。その際, 情報システムは時間ないし資源の活用といった面で効率的であ
ることが望ましい。したがって, 営業や生産に携わる社員の間に流れる情報の
量や質, それを用いる決定の権限や義務の組織的配置を適切に決めなければな
らない。他方で, 社員が情報を処理するには, それを行おうとする個人の積極
的な意思が必要である。組織は社員の努力を特定の方向に導き引き出すインセ
ンティブ制度（社員格付け制度）をつくらなければならない。
　社員格付け制度と情報システムは様々に組み合わせて設計できるが, 特定の
情報システムに要求される技能の効率的な利用が, それに対応する社員格付け
制度によって適当に動機づけられることが不可欠である。同時に, 社員に適切
なキャリア開発を施し, 必要な技能を発展させていかなければならない。
　高度経済成長期から安定成長期に至る時期は, 日本企業の人事システムが国際
的競争力の源として世界から注目を浴びた時代だった。このとき組織モードは,
同僚あるいは関連部署との情報共有による緻密な擦合せと期中において漸次に修
正される計画といった分権的情報システムが, 変化と異状を現場のその人が問題

解決する技量，すなわち「知的熟練」（小池・猪木, 1987）の発展を意図した幅広いキャリア開発と補完的に結合する「日本型組織モード」であった。そして幅広いキャリア開発を方針におけば，ときに社員を経験したことのない不慣れな職務に異動させることもある。処遇と配置が分離されている職能資格制度であれば，こうしたジョブサイズの縮小を伴う異動であっても賃金が下がらない。

　青木（1989）は，こうした日本型組織モードをJ型と呼んだ。J型の補完性を簡単にまとめれば次のようになる。第1に，分権的情報システムをうまく行うには様々な職場の経験，知識の共有，部門間のコミュニケーションの拡大を可能にする企業特殊総合能力が必要である。第2に，企業特殊総合能力をもつ人材は複数の仕事経験を通じて育つので，特定のトレーニング（キャリア開発）の仕方がうまく実施できるかどうかは人事管理の仕組みに依存する。つまり特定の仕事と賃金が結びつかない職能資格制度が向いていた。第3に，管轄を超えるキャリア開発は全体最適の観点から人事部によって調整される必要があるので人事権は人事部に集中した。また人事部は管轄を超える異動を的確に行うべく社員個別の人事情報を長期的に収集蓄積し運用した。要するに，日本型人事システムは，「企業特殊総合能力の発展を企図した幅広いキャリア開発」「職能資格制度」「人事権の人事部集中」「人事部による社員個別の人事情報の収集蓄積と運用」といった特徴を備えていた。同時に流動性の乏しい労働市場や厳しい解雇整理法制とも補完的に結びついていた。

　他方で，ヒエラルキーの上位と下位が命令もしくは標準化の情報処理によって結びつく集権的情報システムには，特定の専門を深耕するキャリア開発によって獲得される専門的技能が適合する。また計画起点で実行のプロセスが不可逆的な集権的情報システムは個人の職務範囲を明確にする。このとき社員に要求される能力は専門化し，評価の仕方は客観化され，外部労働市場における標準化された能力の評価基準の発展を促す。そのため人材の採用・解雇の人事権が各階層レベルに分権化した市場志向の分権的人事管理が整合的であり，インセンティブ制度（社員格付け制度）は各人の職務と責任が明確となる職務等級制度が補完的となる。このような結合様式を青木はA型組織モードと呼び，それは1980年代のアメリカ企業によく当てはまった。

5. リサーチクエスチョンと分析結果

　それでは本調査のデータを用いて，今日（2018年）の日本型人事システムの特徴を検討していこう。あらためて本章における研究課題（リサーチクエスチョン：RQ）を示せば，以下の3つである。

RQ1：日本の社員格付け制度は，今日どのように変化しているか。
RQ2：日本の人事部は，今日どのように変化しているか。
RQ3：日本の社員格付け制度と人事部の補完性は，今日どのように変化しているか。

（1）　社員格付け制度の変化（RQ1）

　管理職と非管理職の社員格付け制度に関わる10個の質問を因子分析（最尤法，プロマックス回転）したところ，固有値1以上の4つの因子に分かれた。それぞれ能力主義，市場主義，職務主義，期待役割主義とネーミングした（図表 1-1）[9]。

　現実の社員格付け制度は4つの主義が混合しているとみるべきであろう。そこで社員格付け制度の類型を識別するためにクラスタ分析を施したところ，職務主義の傾向をもつ「職務等級制度」（第1クラスタ：15社），能力主義の傾向をもつ「職能資格制度」（第2クラスタ：44社），能力と職務の両方の「主義」が高い「役割等級制度」（第3クラスタ：71社）を抽出した（図表 1-2）。

　つまり日本企業の社員格付け制度は職能資格制度，職務等級制度，役割等級制度に多様化しているといえるが，そのトレンドは職能資格制度から役割等級制度への移行である。換言すれば，日本企業の人事システムの現状は市場対応が可能となる体制へ変貌を遂げつつある。しかし，英米流の職務等級制度へ移行する企業は少ない。

図表1-1 社員格付け制度を構成する次元

	能力主義	市場主義	職務主義	期待役割主義
同じ職務であっても，担当する人物の能力や経験により等級が異なる場合がある（管理職）	0.861	0.101	0.010	-0.139
同じ職務であっても，担当する人物の能力や経験により等級が異なる場合がある（非管理職）	0.856	0.067	-0.073	-0.089
その人の能力・スキル（職務遂行能力）について，等級が定められている（非管理職）	0.554	-0.155	0.027	0.257
その人の能力・スキル（職務遂行能力）について，等級が定められている（管理職）	0.490	-0.115	0.047	0.193
特定の職務の賃金は市場相場に応じて，適宜見直しされている（管理職）	-0.009	1.003	-0.010	0.027
特定の職務の賃金は市場相場に応じて，適宜見直しされている（非管理職）	0.021	0.899	0.046	0.057
担当する仕事（職務）の価値に基づいて，等級が定められている（非管理職）	-0.011	-0.016	1.013	-0.020
担当する仕事（職務）の価値に基づいて，等級が定められている（管理職）	-0.008	0.054	0.748	-0.025
仕事（職務）を遂行していく上で，本人に期待されている役割の価値に基づいて等級が定められている（管理職）	-0.058	0.066	-0.133	0.886
仕事（職務）を遂行していく上で，本人に期待されている役割の価値に基づいて等級が定められている（非管理職）	0.055	0.037	0.136	0.747

（備考） 最尤法で因子構造を見出し，プロマックス回転を通じて因子得点を確定した。

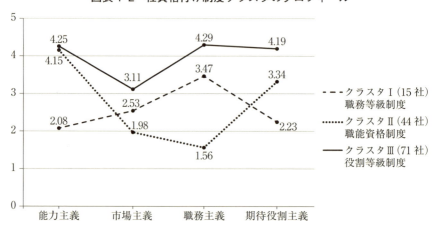

図表1-2 社員格付け制度クラスタのプロフィール

（2） 人事部の変化（RQ2）

人事部の特質については，人事権と人事情報の収集蓄積に着目して分析を施す。

① 人事権の集権性の変化

人事権については，「非管理職（一般社員）の人事管理上の各項目について，開発部と人事部の権限関係はどのようになっているか」という形式で，具体的に10個の質問をしている。回答は「1.開発部門が決定する」「2.開発部門の意向がより尊重される」「3.どちらともいえない」「4.人事部門の意向がより尊重される」「5.人事部が決定する」の5件法である。スコアが高いほど人事権は人事部へ集中していることになる。

図表1-3はその記述統計である。全体としてみると，新規採用，教育訓練，人員計画や配置に関しては開発部の人事権が強いが，賃上げや昇進枠，労使協

図表1-3　開発部と人事部の権限関係

（単位：％）

項目	①	②	③	④	⑤
(1) 開発部門配属の新規採用の選抜	45.7	23.3	16.4	11.2	3.4
(2) 開発部門の社員の賃上げ・賞与の枠（原資）の決定	8.5	28.2	21.4	41.0	0.9
(3) 開発部門の社員個別の人事考課の得点（ランク）の決定	17.9	45.3	20.5	9.4	6.8
(4) 開発部門の昇進・昇格者の枠（頭数）の決定	20.5	30.8	17.1	28.2	3.4
(5) 開発部門の教育訓練計画	18.8	47.0	18.8	10.3	5.1
(6) 開発部門に関わる労使関係の協定や協約の締結	6.8	18.8	26.5	46.2	1.7
(7) 開発部門の人員計画	12.8	47.0	23.9	8.5	7.7
(8) 開発部門内の異動や配置の決定	20.5	42.7	24.8	8.5	3.4
(9) 開発部門から異なる部門（職能）への異動や配置の決定	5.1	26.5	40.2	18.8	9.4
(10) 昇進・昇格対象者の決定	7.7	23.1	29.9	22.2	17.1

①開発部門が決定する　②開発部門の意向がより尊重される　③どちらともいえない
④人事部の意向がより尊重される　⑤人事部が決定する

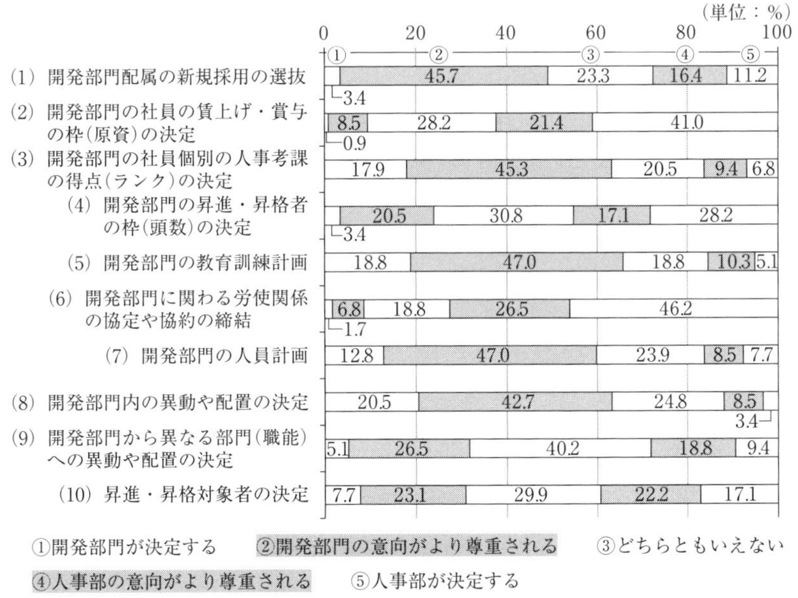

定といった全社的な調整が必要な項目は人事部の意向が強く反映される。異動に関わる人事権に注目すると、部門内の異動は開発部がイニシアチブをとるのに対し、異なる部門への異動では開発部と人事部は拮抗している。こうした結果は、他の類似の調査結果（例えば、一守, 2018）と同様である[10]。ただし、回答企業の割合に着目すると、人事権は開発部にあるとする企業も少なくない。むしろ人事権の所在は企業により多様化しているといえる。

② 人事情報の収集蓄積の変化

人事情報の収集蓄積は、人事部が開発部の社員個別の人事情報をどの程度知っているかということである。「1.開発部の方がよく知っている、2.開発部の方がやや知っている、3.同じ程度、4.人事部の方がやや知っている、5.人事部の方がよく知っている」の5件法で尋ねた。スコアが高いほど人事部による人事情報の収集蓄積の程度は高いことになる。

図表1-4は非管理職を対象とした回答の記述統計である。なお管理職層も同

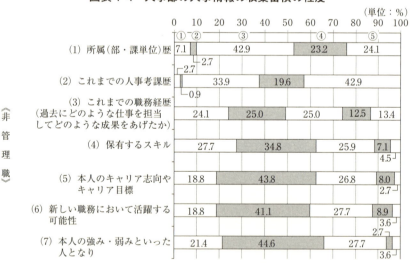

図表1-4　人事部の人事情報の収集蓄積の程度

様の傾向にある。所属歴や人事考課歴など管理しやすい情報は人事部が蓄積している。一方，それ以外の定性的な情報は，当該社員を日常的に職場で観察している開発部のほうがよく把握している。しかし，人事部と開発部が同じ程度知っているという企業も少なくない。全体として日本の人事部は社員個別の人事情報をよく蓄積していると言える。ただし回答の割合に着目すれば，人事権と同様に，人事情報の収集蓄積の程度も企業によって多様である。

(3) 社員格付け制度と人事部の補完性の変化（RQ3）

① 分析フレームワーク

RQ3 は「役割等級制度」と「職能資格制度」の 2 つの異なる社員格付け制度と，人事部の特質との補完性を検討することである。分析フレームワークは図表 1-5 である。

図表 1-5　分析フレームワーク

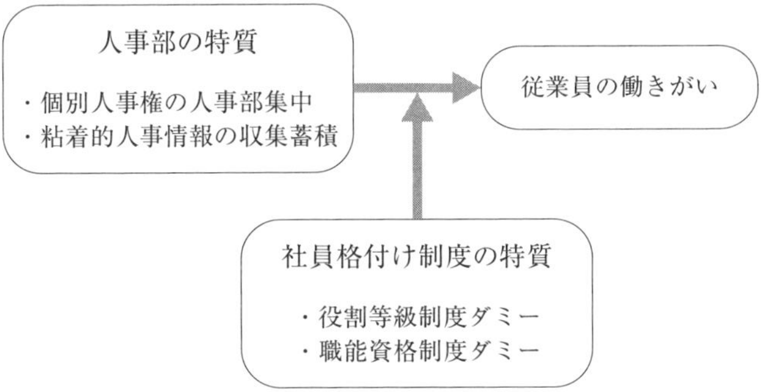

② 変　　数

統制変数：外資系企業ダミー（内資系 0，外資系 1），製造業ダミー（非製造業 0，製造業 1），売上（対数）である。売上については，連結売上の実額（100万円単位）から自然対数を計算した。

▶独立変数（社員格付け制度）

社員格付け制度の 3 つのクラスタのうち，伝統的な日本型人事システムに対

応する職能資格制度と，その進化型である役割等級制度の2つに着目した。変数は当該クラスタであれば1，そうでなければ0のダミー変数である。

▶モデレータ変数（人事部の特質）

非管理職層に対する人事権と人事情報の収集蓄積に関わる変数を設定する。人事権に関わる10個の質問の回答に対して，因子分析（最尤法，プロマックス回転）を施したところ，「基準・枠組み設定」に関わる因子と，「社員個別の人事権の人事部集中」（以下，個別人事権の人事部集中）に関わる2つの固有値1以上の因子に分かれた[11]。「基準・枠組み設定」に対応する質問項目は，「社員の賃上げ・賞与の枠（原資）の決定」「昇進・昇格者の枠（頭数）の決定」「労使関係の協定や協約の締結」の3つである。「個別人事権の人事部集中」に対応する質問項目は，「開発部門内の異動や配置の決定」，「社員個別の人事考課（ランク）の決定」「開発部門の人員計画」「開発部門配属の新規採用の選抜」「開発部門から異なる部門（職能）への配置や異動の決定」「開発部門の教育訓練計画」の6つであるである。いずれもスコアが高いほど人事権は，人事部に集中しているとことになる。分析では，「個別人事権の人事部集中」の質問6項目を加算平均した合成変数を用いる。

一方，非管理職の人事情報にかかわる質問を因子分析（最尤法，プロマックス回転）したところ，デジタル記号情報として捕捉可能な「形式的人事情報」と，本人への面談や周囲へ聞き取りしなければ分からない定性的な「粘着的人事情報」[12]の2つの因子に分かれた。「形式的人事情報」の質問項目は，「所属（部・課単位）歴」「これまでの人事考課歴」の2つである。「粘着的人事情報」の質問項目は，「本人の強み・弱みといった人となり」「新しい職務において活躍する可能性」「本人のキャリア志向やキャリア目標」「保有するスキル」「これまでの職務経歴と成果」の5つである。分析においては「粘着的人事情報の収集蓄積」に着目し，上記5項目を加算平均した合成変数を用いる。なお分析に際しては多重共線性を避けるべく，すべての変数を中心化処理している。

▶従属（目的）変数（従業員の働きがい）

「幅広い社員が，自分の能力に自信を持てている」「幅広い社員が，職務内容に満足している」「幅広い社員が，報酬に満足している」「社員一人ひとりの「そ

の人らしさ」が周囲から承認されている」「社員は会社が提供する報酬や仕事
機会に納得している」「社員は会社が提供する報酬や仕事機会に見合う貢献を
している」という6つの質問の加算平均である。なお，分析に使用する変数の
平均値等や相関関係は章末の付表1と付表2に示す通りである。

③　結　　果

　社員格付け制度のうち「役割等級制度」と「職能資格制度」，および「個別
人事権の人事部集中」の交互作用効果をみるために，通常最小二乗法による重
回帰分析を行った。各変数における欠損地は平均値で置き換えている。サンプ
ルサイズは134である。

　結果は図表1-6の通り，「役割等級制度」と「個別人事権の人事部集中」の
間にネガティブな交互作用効果が見られた。つまり「役割等級制度」を採用す
る企業が，人事部に人事権を集中させると従業員の働きがいは低下する。一方，
「職能資格制度」と「個別人事権の人事部集中」の間にはポジティブな交互作
用効果が見られた。

　この点を詳しく見るために，図表1-7と図表1-8において社員格付け制度と
個別人事権の人事部集中の交互作用をグラフ化した[13]。伝統的な日本型人事
システムで見出された職能資格制度と人事権の人事部集中の補完的関係は，現
在も有効である。しかし今日の社員格付け制度のトレンドである役割等級制度
を採用するのであれば，人事権はラインに移譲したほうがよいといえる。なお，
もう1つの特徴であった「粘着的人事情報の収集蓄積」と社員格付け制度の類
型の間には，統計的に有意な交互作用効果は見いだせなかった。

図表 1-6　社員格付け制度と人事権の人事部集中の交互作用効果の分析

独立変数 \ 従属変数：従業員の働きがい	モデル 1	モデル 2	モデル 3	モデル 4	モデル 5
外資ダミー	0.145†	0.129	0.110	0.129	0.093
製造業ダミー	-0.117	-0.146	-0.165†	-0.153†	-0.182*
対数売上	0.239**	0.209*	0.223*	0.195*	0.177†
人事権集中		-0.085	-0.005	-0.089	-0.011
役割等級制度		-0.052	-0.080		
役割等級制度×人事権集中			-0.211*		
職能資格制度				0.093	0.143
職能資格制度×人事権集中					0.237*
調整済 R^2	0.062	0.057	0.088	0.063	0.102
F 値	3.927**	2.612*	3.149**	2.779*	3.527**

（注）　数値は標準化係数 β　†；p＜.10，*；p＜.05，**；p＜.01，***；p＜.001

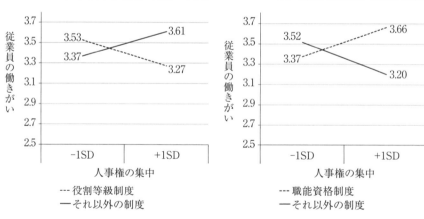

図表 1-7　人事権の人事部への集中による，役割等級制度の効果の変動

図表 1-8　人事権の人事部への集中による，職能資格制度の効果の変動

6. む す び
―日本型人事システムの今日的特徴―

　以上の分析を総合して，あらためて今日の日本型人事システムの特徴を素描してみよう。

（1）　社員格付け制度の多様化と役割等級制度の普及

　日本企業の社員格付け制度は職能資格制度，職務等級制度，役割等級制度の3つに多様化しているが，そのトレンドは，職能資格制度から，能力主義，市場主義，職務主義，期待役割主義の4つを高水準で組み合わせる役割等級制度への移行である。日本企業の人事システムは，市場対応が可能となる社員格付け制度へ変貌しつつある。

　つまるところ平成雇用不況期に始まった，日本企業の人事改革は，外部労働市場において正社員の職務ごとの相場が十分に形成されているとは言えない中，正社員の処遇の決定に際して，製品市場（売上，収益），資本市場（株価）から発せられる価格情報＝サインを人事制度にどのようにルールとして落とし込むのかという課題から出発した（石田・樋口，2009）。役割等級制度を採用すれば，賃金は他社で同様の仕事をしている人と比較考量される。その結果，賃金決定原理に，市場横断的な能力評価と賃金水準の市場相場が加味されるようになる。

　しかし職務能力評価の明確化や，その企業横断的な評価基準の精緻化は，英米に比べれば未だ進んだとは言えない現状がある。仕事のモジュール化とともに「スキルの標準化」[14]が進んだIT業界にあっても，企業固有のスキルに依存する余地は大きく，それゆえ企業横断的な市場形成へと単線的には結び付かない（千田・朴・平野，2008）。それゆえ，内部労働市場におけるジョブサイズや賃金水準のインターナルバランスを考慮したうえで，外部労働市場と調和さ

せる工夫が必要となる。役割等級制度は，日本型人事システムの漸進的な環境適応のアレンジメントであるといえよう。

(2) 人事部の特質の多様化

人事権の人事部集中の程度は，平均的にみれば引き続き高いと言えるが，その実態は多様化している。役割等級制度と職能資格制度それぞれにおける人事部の特質の相違は，図表1-9の通りである。役割等級制度の企業と職能資格制度の企業の平均の差の検定（t検定）を行ったところ，「形式的人事情報の収集蓄積」については両者の間には，統計的に有意な差は見いだせなかった。一方，「粘着的人事情報」については，役割等級制度のほうが職能資格制度よりも，収集蓄積の程度が明らかに高い。

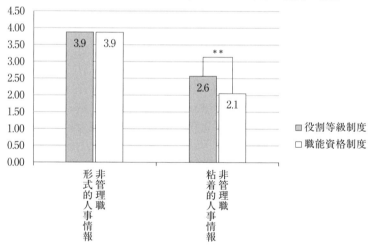

図1-9　役割等級制度と職務資格制度の人事部の特質の相違

（注）† ; p＜.10，* ; p＜.05，** ; p＜.01，*** ; p＜.001

（3） 社員格付け制度と人事部の2つの補完的組み合わせ

　今日の日本企業においては，「職能資格制度と人事権人事部集中」と「役割
等級制度と人事権ライン分権」の異なる補完的組み合わせが併存する状況にあ
る。職能資格制度から役割等級制度へ移行する企業が増えていることに鑑みれ
ば，現下の環境における機能的な人事システムは後者の役割等級制度と人事権
ライン分権の組み合わせである。しかし役割等級制度を採用する企業の粘着的
人事情報の収集蓄積は高い。こうした特質は，先述した組織モードの双対原理
に即したものであるとは言えない。というのは，双対原理では，役割等級制度
を採用する企業のほうが，職能資格制度の企業より，粘着的人事情報を収集蓄
積している理由をうまく説明できないからである。双対原理に即して考えれば，
職務や役割を基準として社員の格付けを行ったり，評価を行うのであれば，職
務の内容に知悉し，当該社員のコンピテンシーとパフォーマンスを日常的に観
察しているライン上司が集中的に人事情報を蓄積・運用したほうが低コストで
効率的である。

　それでもなお，人事部が粘着的人事情報を蓄積するのはなぜか。役割等級制
度を採用すれば，異動は処遇に直結するので，異動が的確かつ公正に行われる
ことがこれまでにまして重要となる。換言すれば，異動の決定に際して，上司
の謬見，バイアス，恣意性が存在すれば部下の不満はいっそう高まる。また人
事権をもったライン管理職は，足元の業績向上に強く動機づけられるので，優
秀な人材を囲い込む誘惑に常にかられる。しかも欧米に比べて外部労働市場が
発達していない日本では，不満が昂じたとしても転職は容易ではない。

　つまり「強い人事部」を「強い上司」に単に置き換えるだけでは，適材適所
のキャリア開発を進めることは難しい（山下，2008）。とはいえ，役割等級制度
に転換するのであれば，人事権を官僚的に行使する人事部は不要である。人事
部が職場に埋め込まれている社員個別の人事情報をきめ細かく収集蓄積し，ラ
インと緻密に擦り合せを行いながら適材適所の異動を支援していくことが有効
なのである。

　そして，もはや組織（人事部）主導のキャリア開発が行われないのであれば，

38　第Ⅰ部　総論：日本企業の人事システム

社員は主体的・自律的にキャリアを開発していかなければならない。今後日本型人事システムにおいて，これまで優先度が高いとはいえなかったキャリア自律支援の拡充が求められる。具体的な方策は2つある。1つは社内公募制度や社内FA制度などを整備することある。もう1つは社員のキャリア自律を支援すべく「キャリア相談」ないし「キャリアカウンセリング」を機能させることである。実際，キャリア相談員として既存の人事スタッフにキャリアコンサルタントの資格取得を促す企業も増えてきた（厚生労働省，2017）。キャリアコンサルタントがクライアントである個人とやりとりするのは，その人の強み弱み，キャリア志向，将来のキャリア希望といった定性的な情報である。こうした情報は粘着的人事情報に他ならない。人事部が人事情報を収集蓄積することの意義は，社員のキャリア自律の支援という観点からみて重要である。

＜注＞

1) 様式化された事実とは，比較実証研究を通じて蓄積されてきた日本企業の人事管理についての特徴のことである。
2) こうした日本型人事ステムの混乱・動揺は現在も継続している。ただし日本の失業率は2014年に3％台に改善した。むしろ現在は人手不足が企業経営に大きな影響を与えるようになったということから，2014年以降は「雇用回復期」と呼ぶことができる。
3) 人事権とは，採用，配置，異動，人事考課，昇進，昇格，降格，休職，解雇など，企業組織における労働者の地位の変動や処遇に関する使用者の決定権限を指す（菅野，2012）。
4) 第2節の記述は，平野（2011）に依拠している。
5) 人事部の日本的特徴を歴史的に分析した丁寧な研究として，明治末から大正期にかけて人事部の創成，戦後および高度経済成長期における人事部の地位の高まり，安定成長期における地位の確立，さらには90年代における人事部改革論の台頭といった人事部の生成と展開を歴史的に振り返った山下（2008）がある。
6) 例えば，リクルートワークス研究所は機関紙『Works』No.133（2015年12月）で「人事部の，今，あるべき姿」という題目でビジネスパートナーとしての人事部の役割を特集している。
7) 第3節の記述は，平野（2010；2018）に依拠している。
8) 第4節の記述は，平野（2006）第3章に依拠している。
9) 因子得点が1を超える項目があり，念のため主因子法・プロマックス回転で分析を行ったところ同様の因子構造を抽出した。この場合1を超える項目はなかった。
10) 一守（2018）は，外資系企業（215社）と日系上場企業（170社）の比較から，日系企業は人事部集権である一方，外資系企業は，法制度や慣習などの日本特有の要素の影響下にあってもライン分権であるという結果を得ている。

11）因子負荷量が 0.4 以上であることを条件として因子を検討した。「昇進昇格者の決定」の質問は両方の因子に対する負荷量が条件を満たさなかったので、これを外して再度因子分析を行った。

12）粘着的人事情報とは、ドキュメント化された形式情報に対して、新しい職務でのパフォーマンスの予測に資する定性的な情報である。例えば、未だ顕在化していない能力、本人すらよくわからないキャリア目標、成果の再現可能性、あるいはそれを担保する意欲といった情報であり、その多くは職場に粘着している。粘着的人事情報を人事部が異動に利用するためには、人事スタッフが直接現場に出向いて情報収集を行わなければならないので費用がかさむ。また人事情報を適切に処理する技量を高めるために人事スタッフをトレーニングしなければならないという意味で費用がかかる。

13）具体的には、交互作用項を構成する 2 つの変数以外の変数が平均値を示し、役割等級制度ダミーの「平均値＋1 標準偏差」および「平均値－1 標準偏差」を示す 2 つの企業を想定した。これは「役割等級制度の企業」と「それ以外の企業」と近似値である。そして、2 つの企業のそれぞれについて、人事権の人事部集中度が「平均値＋1 標準偏差」および「平均値－1 標準偏差」をとった場合の従業員の働きがいの高さを推定した。職能資格制度ダミーの方の図も同様の手続きである。

14）経済産業省が進めている「IT スキル標準」は、各種 IT 関連サービスの提供に必要とされる能力を明確化・体系化した指標であり、産学における IT サービス・プロフェッショナルの教育・訓練等に有用な「ものさし」（共通枠組）を提供しようとするものである。

＜参考文献＞

Jacoby, S.（2005）*The Embedded Corporation: Corporate Governance and Employment Relations in Japan and the United States*, Princeton, NJ: Princeton University Press.（鈴木良始・伊藤健市・堀　龍二訳『日本の人事部・アメリカの人事部―日米企業のコーポレートガバナンスと雇用関係―』東洋経済新報社、2005 年。）

Ulrich, D.（1997）*Human Resource Champions*, Boston, MA: Harvard Business School Press.（梅津祐良訳『MBA の人材戦略』日本能率協会マネジメントセンター、1997 年。）

Ulrich, D. and Brochbank, W.（2005）*The HR Value Proposition*, Boston, MA: Harvard Business School Press.（伊藤武志訳『人事が生み出す会社の価値』日経 BP 社、2008 年。）

青木昌彦（1989）『日本企業の組織と情報』東洋経済新報社。

石田光男（2003）『仕事の社会学―労働研究のフロンティア―』ミネルヴァ書房。

石田光男・樋口純平（2009）『人事制度の日米比較―成果主義とアメリカの現実―』ミネルヴァ書房。

一守　靖（2016）『日本的雇用慣行は変化しているのか―本社人事部の役割―』慶應義塾大学出版会。

一守　靖（2018）「人事部機能の集権化・分権化の方向性とその課題―日系企業と外資系企業の比較から―」『日本労働研究雑誌』No.698, 51-61 頁。

江夏幾多郎・平野光俊（2012）「社員格付原理としての役割主義の機能要件―人事部の権限と体制に着目して―」『組織科学』Vol.45, No.3 号、67-79 頁。

加護野忠男・野中郁次郎・榊原清則・奥村昭博（1983）『日米企業の経営比較－戦略的環境適応の理論－』日本経済新聞社。

小池和男・猪木武徳編著（1987）『人材形成の国際比較―東南アジアと日本―』東洋経済

新報社。

厚生労働省（2017）『セルフ・キャリアドック導入の方針と展開』。

島貫智行（2018）「日本企業における人事部門の企業内地位」『日本労働研究雑誌』No.698, 15-27頁。

千田直毅・朴　弘文・平野光俊（2008）「仕事のモジュール化とスキル評価―IT企業2社の事例研究―」『日本労働研究雑誌』No.577, 17-28頁。

菅野和夫（2012）『労働法　第十版』弘文堂。

都留康・阿部正浩・久保克行（2005）『日本企業の人事改革―人事データによる成果主義の検証―』東洋経済新報社。

日経連能力主義管理研究会編（1969）『能力主義管理：その理論と実践』日経連出版部。

仁田道夫・久本憲夫編（2008）『日本的雇用システム』ナカニシヤ出版。

平野光俊（2006）『日本型人事管理―進化型の発生プロセスと機能性―』中央経済社。

平野光俊（2010）『社員格付制度の変容』『日本労働研究雑誌』No.597, 74-77頁。

平野光俊（2011）「2009年の日本の人事部―その役割は変わったのか―」『日本労働研究雑誌』No.606, 62-78頁。

平野光俊（2018）「人事等級制度」原田順子・平野光俊編著『新訂 人的資源管理』放送大学教育振興会, 67-85頁。

八代充史（2002）『管理職層の人的資源管理―労働市場論的アプローチ―』有斐閣。

八代尚宏（1998）『人事部はもういらない』講談社。

山下　充（2008）「人事部」仁田道夫・久本憲夫 編『日本的雇用システム』ナカニシヤ出版, 235-268頁。

リクルートワークス研究所編「人事部の今，あるべき形」『Works』No.133（2015年12月号），4-21頁。

（平野光俊）

付表 1 記述統計表

	度数	平均値	標準偏差	最小値	最大値	a
外資ダミー	134	0.090	0.287	0	1	
製造業ダミー	132	0.508	0.502	0	1	
対数売上	129	10.846	2.024	6.957	15.844	
能力主義	129	3.965	1.036	1.000	5.000	0.808
市場主義	129	2.651	1.273	1.000	5.000	0.966
職務主義	130	3.262	1.488	1.000	5.000	0.864
期待役割主義	129	3.678	1.205	1.000	5.000	0.798
役割等級制度クラスタダミー	130	0.546	0.500	0	1	
職能資格制度クラスタダミー	130	0.338	0.475	0	1	
基本枠組み設定の人事部集中	117	3.826	0.857	1.000	5.000	0.676
個別人事権の人事部集中	116	2.663	0.711	1.000	5.000	0.775
形式的人事情報（非管理職）	112	3.768	0.954	1.000	5.000	0.748
粘着的人事情報（非管理職）	112	2.295	0.813	1.000	5.000	0.830

付表 2 相関分析表

	1	2	3	4	5	6	7	8	9	10	11	12
1 外資ダミー												
2 製造業ダミー	-.163†											
3 対数売上	-.030	.224*										
4 能力主義	-.125	-.016	-.073									
5 市場主義	-.038	-.091	-.158†	-.003								
6 職務主義	.024	-.095	-.155†	.044	.386***							
7 期待役割主義	-.070	-.045	-.085	.302**	.116	.299**						
8 役割等級制度クラスタダミー	-.030	-.172†	-.253**	.305***	.398***	.755***	.472***					
9 職能資格制度クラスタダミー	-.003	.197*	.301**	.127	-.395***	-.828***	-.201*	-.785***				
10 基本枠組み設定の人事部集中	-.129	.056	.064	.222*	-.131	-.139	-.086	-.058	.175†			
11 個別人事権の人事部集中	-.119	-.264**	-.336***	.120	.028	.077	.156†	.211*	-.136	.365***		
12 形式的人事情報（非管理職）	.096	-.058	-.178†	.294**	-.120	.002	.249**	.118	.071	.206*	.317**	
13 粘着的人事情報（非管理職）	.047	-.321**	-.407***	.045	.127	.178†	.131	.282**	-.257**	-.132	.598***	.262**

† ; $p < .10$, * ; $p < .05$, ** ; $p < .01$, *** ; $p < .001$

第2章

人事ポリシーと従業員の働きがい

— 本章のねらい

　人事管理は，企業が直面する競争環境，法制度，労働市場，従業員の価値観が変化するのに合わせて，その姿を変えてゆかなければならない。実際，施策や取り組みのレベルでは，数々の変化が見られる。しかし，その変化が一体何を意味するものであり，それが企業や従業員に何をもたらしているのかについては，必ずしも定かではない。

　本章では，現代の日本企業の人事管理の特徴やバリエーションについて，個々の具体的な人事施策や取り組みを支える方針，すなわち「人事ポリシー」に着目して描き出す。「社員の自律性を最大限に引き出す」など，多くの企業が人事ポリシーを明文化している。しかし，それが実際の活動や成果とどう結びついているのか判然としない上に，各企業による規定の仕方は様々であるため，比較が難しいのが現状である。

　そこで本章では，調査協力企業が具体的に採用している人事施策や取り組みに着目し，企業の人事管理の多様性を可視化するための次元（軸）を統計的かつ帰納的に抽出した。分析の結果，「エンプロイヤビリティ重視」「個別化された能力開発」「実力・貢献主義的処遇」という3つの次元が浮上した。これら3つの人事ポリシーをどの程度追求するかによって，各企業の実際の人事管理は多様な姿をとる。

　本章では，それぞれの人事ポリシーを追求することが経営上の成果にどの程度寄与するかについても，実証的に検討する。経営上の成果として，「所属従業員の働きがい」に着目した。それぞれの人事ポリシーがより有効に働く条件についても，合わせて検討する。

1. は じ め に

（1） 近年の人事管理のトレンド

　近年の人事管理において，従来よりも意識・実践されるようになったのが，「組織の中核的競争資源（コア・コンピタンス）としての人材」という観点である。グローバル市場主義の進展に伴い，こうしたことを意識する必然性も，また，実践するための機会も高まっている。企業目的の達成のために必要な人的資源を見極め，それを備えるあるいは将来的に備えられそうな労働力を社内外から見出し，職務内外の様々な成長機会や金銭的・非金銭的なインセンティブを付与する取り組みは，「パフォーマンスマネジメント」や「タレントマネジメント」と呼ばれる。

　こうした人事管理の特徴は，いくつかの切り口により把握可能である。

　第1が「情報公開」である。新たな人事管理・雇用関係においては，企業から従業員への期待，従業員による実際の貢献を企業がどう捉えているのかについて，従業員に極力公開することが期待される。情報公開は雇用関係を強くする方にも解消する方にも作用しうるが，不透明感に起因する不信感や不安感を従業員から払拭するためには不可欠である。

　第2が「業績主義管理」である。「業績」をどう捉えるかについては一様の答えがなく，日本における「成果主義」の頓挫にあるように，業績主義の実現は容易ではない。ただし，全ての従業員が高い業績を出せるように支援しつつ，業績の大小に応じた公正な処遇格差を従業員間に設けないことには，経営目的に即した貢献を従業員が果たすきっかけが生まれなくなる。

　第3が「個別的労使関係」である。従来の人事管理は，それぞれの雇用体系の内部では個人属性や勤続年数などに応じた画一的な管理を行うものであった。また，雇用条件の整備については，労働組合のような従業員団体と雇用主

44　第Ⅰ部　総論：日本企業の人事システム

である企業がその担い手であった。ただし近年，こうした枠組みでは満たされない固有の就労ニーズを持つ人々が増加している。また，企業としても，「適材適所」への意識がかつてなく強まっている。

　第4が「従業員の自律性尊重」である。経営環境の複雑性が増す中では，あらかじめ定めた経営管理方針に基づいて企業が従業員を統制しても，期待通りの成果が出ない可能性が高い。こうした中で有効となるのが，従業員への権限委譲を進めたり彼らの職場外学習を認めたりすることである。それらにより，従業員が業務で活かす知識や実際の貢献が，私企業にとって新規で，なおかつ価値あるものとなる可能性は決して低くない。

　第5が「エンプロイヤビリティ重視」である。従業員の立場に立つと，たとえ雇用保障の引き換えとして企業特殊的な職務遂行能力を身につけ，貢献し続けたとしても，企業が倒産してしまえば元も子もなくなるばかりか，再就職の足かせとなりかねない。今日のような経済全体での不確実性が増す中では，社会全体で高く評価される能力を取得することも，個人の安心感のベースとなる。企業から見ても，「社会全体で高く評価される能力を取得する機会がある」というアピールを行うことが，有能な労働力を自社に惹きつけることにつながる。

　質問票調査では，回答企業がこれらの方向性を自社の人事管理にどの程度反映させているのかを測った。具体的には，「情報公開」「業績主義管理」「個別的労使関係」「従業員の自律性尊重」「エンプロイヤビリティ重視」という5つの方針を徹底している程度を，「人事管理全体」および「採用」「職務設計・配置」「評価・報酬」「能力開発」という個別の人事施策の領域に着目して測定した（5点尺度）。

　各質問への回答結果を図表2-1に示した。興味深いのは，人事管理上のある方向性がどの施策領域で最も強く現れるかが，方針ごとに異なる点である（図表中太字）。また，「従業員の自律性尊重」に見られるように，人事管理全体で見た場合の重視度の高さが現実の個施策領域においては必ずしも反映されていないこともある。こうした実態は，従業員に「言行不一致」と受け取られかねない。

第 2 章　人事ポリシーと従業員の働きがい　45

図表 2-1　日本企業の人事管理の現状

	人事管理全体	採用	職務設計・配置	評価・報酬	能力開発
1.　情報公開	4.31	**4.16**	3.67	3.55	3.5
2.　業績主義管理	3.57	2.97	3.44	3.7	**3.89**
3.　個別的労使関係	3.88	3.31	3.44	**3.58**	3.21
4.　従業員の自律性尊重	3.95	3.1	**3.26**	2.99	3.17
5.　エンプロイヤビリティ重視	3.84	3.63	**3.82**	2.83	3.03

(2)　因子分析による人事ポリシーの抽出

　人事管理に関するこれら 5 つの方針は，調査に先んじて筆者により思弁的に導出されたものである。そのため，それらの徹底度の大小が，企業による実際の人事管理の多様性を十分に反映しない可能性がある。そのため，25 の質問項目に着目して探索的因子分析を行い，企業の人事ポリシーを構成する次元群を帰納的に見出した[1]。

　図表 2-2 にあるように，人事管理上の取り組みに関する 12 の質問項目の分散の約 51％を説明する 3 つの因子が見出された。各因子，すなわち人事ポリシーについては，それぞれと関係の深い施策・活動の内容を鑑み，順に「エンプロイヤビリティ重視」「個別化された能力開発」「実力・貢献主義的処遇」と名付けた[2]。従来の日本的人事管理が社内で最適化される職務遂行能力を重視し，目的や計画に即した体系的な能力開発を行わず，貢献と処遇を緊密に結びつけてこなかったことを踏まえると，これらの人事ポリシーを強く意識することには一定の新規性があると思われる。

46　第Ⅰ部　総論：日本企業の人事システム

図表 2-2　人事ポリシーを構成する次元

	エンプロイヤビリティ重視	個別化された能力開発	実力・貢献主義的処遇
自社の職務を従業員がうまく遂行するためには，自社のみならず幅広い企業で価値を持つような意欲や能力が必要である	**0.810**	−0.014	0.061
従業員には，自社のみならず幅広い企業で価値を持つような意欲や能力を蓄積・発揮することを求めるべきである	**0.797**	−0.046	−0.034
自社のみならず幅広い企業で価値を持つような意欲や能力を発揮しうる応募者を採用している	**0.649**	0.000	0.077
人材確保・組織強化のため，従業員の仕事上・生活上のニーズに柔軟に対応できる人事管理を目指すべきである	**0.624**	0.021	0.021
人事管理のあらゆる活動を通じて，企業から従業員一人ひとりへの期待を明確に発信すべきである	**0.587**	−0.028	0.066
自社のみならず幅広い企業で価値を持つような力を保有・発揮しているか否かを，従業員の昇降格の基準としている	**0.472**	0.228	−0.140
現在〜将来の戦略達成のために必要な能力を従業員一人ひとりに合わせて定義し，成長支援を行っている	−0.180	**0.944**	0.089
従業員が現在の仕事における成果を最大化できるよう，成長支援を行っている	0.083	**0.585**	0.066
自社のみならず幅広い企業で価値を持つような能力を定義した上で，成長支援を行っている	0.262	**0.532**	−0.132
現在〜将来の経営戦略を念頭に人材要件を個別化・具体化し，それを満たす応募者を採用している	0.016	**0.489**	−0.043
個人の属性に囚われず，現時点の実力や成果の大小に応じた評価や報酬を，全ての従業員に与えている	0.000	−0.064	**0.859**
個人の属性に囚われず，現在〜将来の戦略達成への貢献度の違いに応じた評価や報酬を，全ての従業員に与えている	0.075	0.087	**0.744**

（注）　最尤法で因子構造を見出し，プロマックス回転を通じて因子得点を確定した。

2. 分析フレームワーク

（1） 人事ポリシーと従業員の働きがいの関係

　本章では，「エンプロイヤビリティ重視」「個別化された能力開発」「実力・貢献主義的処遇」といった，企業の人事ポリシーを構成する複数の次元が及ぼす影響を検証する。企業がそれぞれの方針を追求することに直接的に影響されるものとして本章で想定したのが，その企業に所属する従業員が知覚する「働きがい」である [3]。従業員の働きがいについては，「幅広い従業員が，自分の能力に自信を持てている」「幅広い従業員が，職務内容に満足している」などの6つの質問項目の単純平均から導出した。

　「エンプロイヤビリティ重視」「個別化された能力開発」「実力・貢献主義的処遇」といった企業の人事ポリシーは，競争環境や労働市場の範疇，複雑性，流動性が従来よりも高まるという，グローバル市場主義の進展と整合的であると考えられる。つまり，こういった人事ポリシーを他社に先んじて，深く実践することは，有能な人材の獲得，さらには意欲の向上や活躍につながるだろう。

　　［仮説1］「エンプロイヤビリティ重視」「個別化された能力開発」「実力・貢献主義的処遇」という人事ポリシーを追求する企業ほど，所属する従業員の働きがいが高くなる。

（2） 状況要因による影響（外的整合性）

　人事管理が企業の成果・業績に影響するメカニズムは複雑であるが，それを理解する助けとなるのが，「外的整合性（external fit）」と「内的整合性（internal fit）」という考え方である。前者についてはこの項で，後者については次の項で，

それぞれ説明する。

　経営戦略や組織など，人事管理を取り巻く状況に応じて，最適なあるいは実際の人事システムは多様な姿を取りうる（Boxall and Purcell, 2003; Miles and Snow, 1984; Wright and Snell, 1998）。こうした外的整合性については，状況に応じた人事管理上の対応が必要とする主張（コンティンジェンシー・アプローチ）の他にも，いかなる状況にも適した普遍的な対応が存在するという考え方がある（ベスト・プラクティス・アプローチ；Delery and Doty, 1996; Pfeffer, 1998）。

　外的整合性という観点を踏まえると，人事ポリシーと従業員の働きがいの関係については，状況によって異なる可能性がある。人事ポリシーに関する３つの次元と従業員の働きがいを仲介するものとして，本章では，経営環境と組織内部に関する要因に着目した。

　経営環境に関してまず着目したのが，「経営環境からの影響力」である。社外の動向の影響下で，あるいはそれに振り回される形で人事管理上の意思決定がなされる場合，人事ポリシーに先進的な要素を取り込むことの効果が小さくなりうる。企業の周辺にあるトレンドの多くは，企業に対する同型化圧力を持つ（DiMaggio and Powell, 1983; Meyer and Rowan, 1977）。トレンドに沿うことそのものは，自社の社会的正当性の確保を通じ，一定の効果を企業にもたらしうる（DiMaggio, 1995）。しかし，それが主体的選択ではなく「右に倣え」的な対応である場合，従業員から前向きに受け取られるとは考えにくい。グローバル市場主義という経営環境の変化は，日本企業にとっては外在的で喫緊の適応課題と受け止められがちなものであるため，強い同型化圧力の源泉となりうる。

　本章では，「人事施策の形成」「従業員能力の形成」のそれぞれにおける「他社の人事管理上の取り組み」「社外の人材市場の状況」「情報技術の進展状況」「人事管理に関する法制度の動向」からの影響度，合計８つの質問項目の単純平均から，経営環境からの影響力を尺度化した。

　　［仮説2a］「エンプロイヤビリティ重視」「個別化された能力開発」「実力・貢献主義的処遇」という人事ポリシーと所属従業員の働きがいの関係は，経営環境からの影響力が大きい場合に肯定的傾向を弱める。

経営環境に関して着目した別の要因は，「環境不確実性」である。環境不確実性は「複雑性」と「不安定性」を複合した概念である（Duncan, 1972）が，グローバル市場主義が加速する状況は，多くの日本企業にとって環境不確実性が高く知覚される状況であると言えよう。そこでは，組織メンバーによる自律的な行動の促進や，彼らの不安心理の解消が必要となる。そして，それに寄与するのが，経営者による共通目標の設定，目標共有のためのコミュニケーションである。こうした古典的議論を援用するならば，今日的な人事ポリシーを明確に定めることは組織統合に寄与するだろう。

本章では，環境不確実性に関する尺度構成のため，「競合他社の戦略」および「消費者の需要や志向」のそれぞれに関する見通しやすさに関する質問項目の逆転項目の平均値を導出した。

[仮説2b]「エンプロイヤビリティ重視」「個別化された能力開発」「実力・貢献主義的処遇」という人事ポリシーと所属従業員の働きがいの関係は，環境不確実性が大きい場合に肯定的傾向を強める。

組織内部に関する要因として，「業務上の意思決定の分権性」に着目した。すでに見たように，近年の人事管理の特徴の1つとして，従業員の自律性や個性の尊重・促進が挙げられる。グローバル市場主義が進展する下では，トップダウン的に遂行するに値する人事管理上，業務管理上のノウハウを企業が持っているとは限らなくなってくる。そのため，業務上の権限移譲を幅広い従業員を対象にして行うことと，彼らの意向を尊重した人事管理を行うことには，シナジー（相乗効果）が働くと考えられる。

質問紙調査では，「中期経営計画，予算計画，経営資源の配分」「生産計画，販売計画，在庫計画」などといった7種類の業務上の意思決定項目に関する「提案・起案」および「決定・決済」の権限が，組織内のどの階層（役員～非管理職の一般社員）にまで存在するかについての質問項目が設けられている。これら14項目を単純平均して，意思決定の分権性についての尺度を構成した。

50　第Ⅰ部　総論：日本企業の人事システム

　　［仮説2c］「エンプロイヤビリティ重視」「個別化された能力開発」「実力・
　　貢献主義的処遇」という人事ポリシーと所属従業員の働きがいの関係は，業
　　務上の意思決定の分権性が大きい場合に肯定的傾向を強める。

（3）　人事ポリシー同士の補完性（内的整合性）

　内的整合性とは，人事管理の方針と実際の施策や活動，あるいは複数の方針
同士，複数の施策や活動同士が，業績を伴う形で併存していることを指す（江
夏, 2012; Huselid, 1995; Kepes and Delery, 2007）。多くの先行研究が，実際に業
績を伴うような人事システムの要素間の組み合わせの解明に力を注いできた。

　複数の人事ポリシーの間にも内的整合性が作用する可能性がある。例えば，
上司による部下の成長支援を伴うと成果主義的な報酬が受容されるという実証
結果（玄田・神林・篠崎, 2001）は，能力開発機会を手にした従業員が，自らを
成果主義の「犠牲者」ではなく「受益者」と捉えられるようになる可能性を含
意する。このことを踏まえると，「個別化された能力開発」と「実力・貢献主
義的処遇」の間には肯定的な相乗効果が存在する可能性がある。

　同様の相乗効果が，「エンプロイヤビリティ重視」と他の2つの人事ポリシー
の間にも存在しうる。そもそも日本の労働市場においては，エンプロイヤビリ
ティという考え方は広く支持されてこなかった。「就労上の安心」の切り札と
して働く人々の多くから期待されるのは，政府による職業能力開発機会や，魅
力的な転職先の豊富さではなく，伝統的な日本型雇用保障モデルでありつづけ
た。ただし，グローバル市場主義が進展する中，そうした発想の合理性は失わ
れつつある。「企業の枠を超えて高く評価される職務遂行能力に労使双方が価
値を置き，養う」という発想は，そうした能力を重視する姿勢を，能力開発や
処遇といった側面でも企業が示すことで，従業員により受容される可能性があ
る。

　　［仮説3］「エンプロイヤビリティ重視」「個別化された能力開発」「実力・
　　貢献主義的処遇」という人事ポリシーと所属従業員の働きがいの関係は，他

の人事ポリシーが同時に追求されるほど，より肯定的なものになる。

3. 分析結果

（1） 記述統計量

　分析に用いた変数に関する記述統計量は図表2-3の通りである。変数間の相関関係については図表2-4にある。サンプルの属性を統制してより正確な仮説の検定を行うため，企業の由来（外資系か国内系か），業種（製造業か否か），活動の規模（売上高）を特定するための変数を投入した[4]。

　以下，変数間関係の推計のため，通常最小二乗法による回帰分析を行った。各変数における欠損値を平均値で置き換えているため，分析上のサンプルサイズは134である。

図表2-3　記述統計表

	度数	平均値	標準偏差	最小値	最大値
外資ダミー	134	0.090	0.287	0	1
製造業ダミー	132	0.508	0.502	0	1
売上高	129	6.241	2.024	2.351	11.239
経営環境からの影響力（a =.755）	132	3.457	0.461	2.000	4.625
環境不確実性（a =.800）	130	2.546	0.789	1.000	5.000
業務上の意思決定の分権性（a =.914）	111	2.369	0.597	1.286	5.000
エンプロイヤビリティ重視（a =.827）	132	3.735	0.663	1.000	5.000
個別化された能力開発（a =.726）	132	3.360	0.692	1.000	4.500
実力・貢献主義的処遇（a =.806）	132	3.640	0.846	1.000	5.000
従業員の働きがい（a =.847）	132	3.414	0.565	1.167	4.833

52 第Ⅰ部 総論：日本企業の人事システム

図表 2-4 相関分析表

	1	2	3	4	5	6	7	8	9
1 外資ダミー									
2 製造業ダミー	-.163†								
3 売上高	-.030	.224*							
4 経営環境からの影響力	.037	.049	.086						
5 環境不確実性	-.137	-.012	-.010	-.079					
6 業務上の意思決定の分権性	-.035	-.076	.139	.184*	-.172+				
7 エンプロイヤビリティ重視	.167†	-.056	.107	.215*	-.043	-.061			
8 個別化された能力開発	.074	-.128	.103	.165	-.006	.010	.364***		
9 実力・貢献主義的処遇	.088	.114	-.009	.150	.082	-.111	.421***	.360***	
10 従業員の働きがい	.157†	-.089	.215*	.187*	.020	-.027	.183*	.298***	.350***

（注） †；p＜.10，*；p＜.05，**；p＜.01，***；p＜.001。以下，同様。

（2） 仮説検証 1 （人事ポリシーの直接効果）

　図表 2-5 にあるように，3 つの人事ポリシーのうち，「実力・貢献主義的処遇」を強く志向する企業ほど，従業員の働きがいが高くなる傾向が見出された。「個別化された能力開発」についても，弱いものの同様の傾向が見出された。企業が自らの目標達成のために必要な人的資源を調達し，そうした人的資源を保有・発揮する従業員に公正に報いることは，幅広い従業員にとってメリットと感じられるのだろう。

　反面，「エンプロイヤビリティ重視」については，統計的に有意な関係が見られなかった。社会全体で通用するような意欲や能力を備えることを企業として従業員に期待することには，すなわち企業による雇用保障と従業員による企業への同一化・忠誠心という，従来的な意味での企業と従業員の緊密な交換関係を否定する側面がある。こうした雇用関係は，グローバル市場主義が進展する中で日本企業が新たに関わりうる従業員に広く支持されるものではないものの，従来より関わりを持ってきた従業員にとっては，慣れ親しんできたものであり，強い抵抗感を抱かせるものではないのだろう。

　上記より，仮説 1 は部分的に支持されたと言える。

第2章　人事ポリシーと従業員の働きがい　53

図表 2-5　人事ポリシーと従業員の働きがいの関係

	Model 1
外資ダミー	.125
製造業ダミー	-.131
売上高	.213**
経営環境からの影響力	.104
環境不確実性	.039
業務上の意思決定の分権性	.150†
エンプロイヤビリティ重視	-.103
個別化された能力開発	.155†
実力・貢献主義的処遇	.325***
調整済み R^2	.212
F 値	4.967***

（注）　係数は β（標準化回帰係数）を利用した。以下，同様。

（3）　仮説検証 2（外的整合性）

次に，人事ポリシーと働きがいの関係に対する，経営環境や組織内部に関する要因の影響について検討する。回帰分析の詳細な結果は，紙幅の制限を踏まえて示さないが，組織内外の要因がどのような形をとるかに応じて，「エンプロイヤビリティ重視」と「実力・貢献主義的処遇」が従業員の働きがいに及ぼす影響について，一定の変化が見て取れた（図表 2-6）。図表 2-6 にある「正の調整（モデレート）効果」とは，ある環境要因の特徴が顕著であるほど人事ポリシーと働きがいの関係がより肯定的になる（負の傾向が弱まる，または正の傾向が強まる）ことを意味し，「負の調整効果」はその逆を意味する。図表 2-7 は，その一部をグラフ化したものである。

図表 2-6　状況要因の作用による，人事ポリシーの効果の変動(1)

独立変数（人事ポリシー）			エンプロイヤビリティ重視	個別化された能力開発	実力・貢献主義的処遇
統制変数による調整（モデレート）効果	環境	経営環境からの影響力	負（*）	なし	負（**）
		環境不確実性	正（*）	なし	正（*）
	組織	業務上の意思決定の分権性	負（**）	なし	負（**）

図表 2-7　状況要因の作用による，人事ポリシーの効果の変動(2)

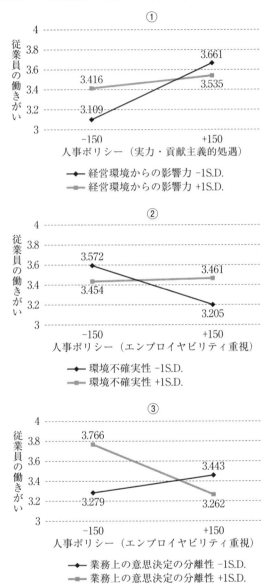

［仮説 2a の検証（部分的支持）］　経営環境からの影響に強くさらされる企業ほど，経済社会におけるグローバル市場主義と適合的な人事ポリシーを追及することの積極的な効果が生まれにくくなることが，「エンプロイヤビリティ重視」や「実力・貢献主義的処遇」について見出された（後者について図表 2-7 の①で表記）。従来にない人事ポリシーは，その新しさのため，従業員にとって正負の両側面が見えやすいものである。もしこれらが所属企業によって「しぶしぶ」あるいは「なんとなく」導入されたもので場合，従業員は負の側面をより強く感じるのだろう。

　反面，「個別化された能力開発」の効果においては，経営環境からの影響の大小による大きな変化は見られなかった。従業員の様々な職務遂行能力の確保に向けた企業による投資に至る具体的な経緯は，企業が置かれた状況によって異なるだろう。しかし，投資そのものについては従業員にとってもキャリア上の安心や機会につながるものであるため，最終的に受け入れられるのだろう。

　［仮説 2b の検証（部分的支持）］　経営環境の不確実性が高い企業ほど，経済社会におけるグローバル市場主義と適合的な人事ポリシーを追及することの効果がより肯定的なものになることが，「エンプロイヤビリティ重視」や「実力・貢献主義的処遇」について見出された（前者について図表 2-7 の②で表記）。既に述べたように，これらの人事ポリシーは従業員にとって無条件に受け入れられるものだとは限らないため，現状や将来の見通しがききやすい状況では「これまでの取り組みで十分」という判断を従業員がする可能性がある。反面，見通しがききにくい状況では何らかの変化が期待されるため，従来ない取り組みに対する価値がより中立的ないしは肯定的なものとなるのだろう。

　反面，「個別化された能力開発」については，環境の不確実性の大小に左右されず，従業員の働きがいに対して一定の効果を持つ。経営環境の見通しがどのようなものであれ，「企業経営のために不可欠なもの」として従業員は期待し，それが実現することについて，一定程度評価するのだろう。

　［仮説 2c の検証（部分的否定）］　業務上の意思決定の分権化が進んでいる企

業ほど，経済社会におけるグローバル市場主義と適合的な人事ポリシーを追及することの積極的な効果が現れにくく，場合によっては否定的なものになることが，「エンプロイヤビリティ重視」「実力・貢献主義的処遇」について見出された（前者について図表2-7の③で表記）。これらは当初の想定に反する結果であった。それについては，以下のようなメカニズムがありうる。これらの人事ポリシーが追求される企業に属する従業員は，「市場価値」を意識した業務遂行やキャリア形成を意識せざるを得なくなる。そして，それに伴うプレッシャーは，権限委譲が進んだ職場において，より強く意識されるのかもしれない。そうした職場では，従業員は業務のプロセスや結果における自己責任を問われるためである。こうした状況は多くの日本企業の従業員にとって不慣れなものであり，自分の将来への不安や，雇用主への不信感を，少なくとも一時的に醸成しうる。

反面，「個別化された能力開発」については，業務特性がどのようなものであれ，所与の業務をうまく行うために必要なことと認識されるため，権限委譲の進展度にかかわらず従業員に支持されるのだろう。

(4) 「なすべきこと」と「できていること」の対応関係

従業員のエンプロイヤビリティの重視と従業員の働きがいの間の正の相関関係は，特定の状況に絞り込んでも観察されなかった。逆に，「経営環境からの影響力が強い」「環境不確実性が低い」「業務上の意思決定の分権化が進んでいる」という状況においては，エンプロイヤビリティ重視と従業員の働きがいとの間に統計的に有意な負の相関関係が見出された。記述統計（図表2-3）を見る限り，この人事ポリシーを追求している企業は，そうでない企業と比べて多い。ただし，状況によってはそれにより従業員の反感を強くしかねないことについて，人事担当者は注意を払うべきであろう。

エンプロイヤビリティという考え方については，バブル崩壊以降，ほぼ10年おきに雇用政策に関する議論の俎上に上ってきたが，賛否両論が並ぶ中，議論の深まりを見ることなく主要な論点から外れていった。批判する側にとって

「就労上の安心」の切り札となりえるのは，企業特殊能力を媒介とし，労使双方が他方に対して長期的に義務を負う伝統的な日本型雇用保障モデルであり続けた。彼らは，「企業を移り変わろうと同じように評価され続ける職務遂行能力に労使双方が価値を置き，養う」というエンプロイヤビリティに基づく雇用関係について，「企業による従業員切り捨てのための方便」と捉えがちである。本研究の分析結果は，エンプロイヤビリティという発想に対する，従業員側のこういった消極的な理解が少なくとも部分的に存在することを示唆する。

　企業の現在の目標達成や将来の競争力という観点から，従業員ごとに高い職務遂行能力の獲得や開発を模索することは，それ自体が従業員の働きがいと一定程度有意な正の相関関係を持っている[5]。また，その傾向は，組織内外の特定の状況によって強められたり弱められたりするものではない。

　もっとも，記述統計（図表2-3）を見る限り，現時点でここに力を割いている企業は，必ずしも多くないようだ。他の人事ポリシーと比べ，能力開発への投資が重視される程度は低いようだ。企業の多くが，これまでと質的に異なる能力開発について，今日的な重点課題と見なしていないからかもしれない。また，そうした課題意識にかかわらず，実際には多くの日本企業が能力の獲得・開発に十分な投資を行わず，なおかつ従前と比べて手法の面でも洗練や精緻化がされていない，と言われることもある。本章での分析結果は，戦略的で個別的な能力開発について，「すべきなのにできていない」ことであることを示しており，改善が求められる。

　最後に，従業員の現在の，あるいは将来発揮しうる実力や貢献に着目して，企業が処遇を分配することは，ある条件において従業員の働きがいを促進させうる。その条件とは，「経営環境からの影響力が弱い」「環境不確実性が高い」「業務上の意思決定の分権化が進んでいない」というものである。そうでない場合には，働きがいとは特段の関係を持たない。実力・貢献主義的な処遇については，従業員の働きがいへの直接的効果は強く，また，今回の調査への回答企業においても割合に広く行われる傾向がある。そうした意味では「すべきことをできている」という事例に該当するし，人事管理の方向性としてある意味自明のことでもある。

（5） 仮説検証 3 （内的整合性）

　今日の日本企業においても，エンプロイヤビリティをベースとした雇用関係に対しては，従業員からの少なくない抵抗が予想される。ただし，企業による長期的な雇用確保能力が揺らいでいる昨今，エンプロイヤビリティは，単に企業にとって必要な職務遂行能力を持続的に確保できることを意味するのみならず，従業員にとっても安定的あるいはより好条件での就労を継続するための手段にもなりうる。

　所得がなかなか増加せず，従前どおりに多忙であるにも関わらず多くの従業員がエンプロイヤビリティという発想に抵抗感を示すのは，企業特殊能力を媒介とした従来の雇用契約以外のものについて，具体的な想像がしづらいためであろう。そこで以下では，「エンプロイヤビリティ重視」という人事ポリシーが従業員により肯定的に受け取られることに，他の人事ポリシーが貢献しうるかどうかについて検討したい。図表2-8では，人事ポリシー同士の（内的）整合性についての回帰分析の結果を図示した。

　図表2-8の①からは，「エンプロイヤビリティ重視」と従業員の働きがいの間の関係は，「個別化された能力開発」が強く志向されるほど，否定的なものから肯定的なものに転化することが確認される。社会全体で能力を蓄積・発揮できるような能力を自社の経営の根幹に起き，なおかつ実際にそうした能力を明確な目的・計画に基づいて構築しようとする企業に所属する従業員は，エンプロイヤビリティという雇用関係の新たな「結び目」に対して前向きになれるのであろう。

　もっとも図表2-8の②にあるように，「エンプロイヤビリティ重視」と従業員の働きがいの関係に対するこうしたモデレート効果は，「実力・貢献主義的処遇」においては見られなかった。外発的動機付け要因としての評価・報酬は，それ単独としては従業員を前向きにする効果は持ちつつも，雇用関係における大前提の変化を従業員一人一人が認知的または情緒的に受け入れられるようにする力は持たないようだ。

図表 2-8 「エンプロイヤビリティ重視」の負の影響を緩和する人事ポリシー

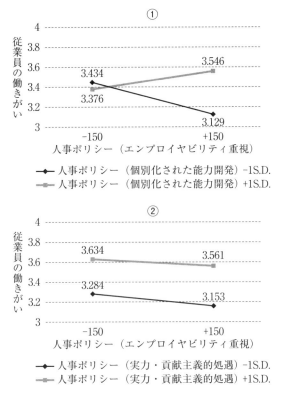

4. む す び

　従業員構成が多様化しつつ，企業の競争優位のために必要な協働や人的資源のあり方が変化する中で，従来の観点からすれば「矛盾している」と受け取られかねない雇用関係が構想されつつある。

　エンプロイヤビリティという考え方は，強固で緊密な雇用関係を否定しないものの，具体的な方法論において，労働市場に開かれ，永続性を必ずしも前提としない。こうした方法論については，「今日では，こうした方法でこそ雇用関係の強固さや緊密さを確保できる」とも，「これまで守られてきた雇用関係

60　第Ⅰ部　総論：日本企業の人事システム

の強固さや緊密さを破壊する」とも解釈される。労使双方にとってメリットの
ある雇用関係のためには，複数の人事ポリシーの間の補完性について，理論的
思考ないしは試行錯誤的実践の結果を十分に踏まえた上で，模索する必要があ
る。

　企業組織内外の要因と人事ポリシーの関係については，状況要因に合わせた
人事ポリシーを定めるという，人事担当者の受動的な活動に終始するとは限ら
ない。ありたい組織像に基づいて人事ポリシーを定め，それに即した経営環境
を選択する，組織を作る，という経路も存在しうる。本分析では，質問項目や
サンプルサイズの制約により十分に行えなかったが，一言で「状況への適応」
と言っても，実は「状況に順応する」と「状況を選択する」の二種類がある。
これらのうち，いずれが合理的であるかについて，あるいはそれぞれを実行す
る際に留意すべき点について，企業の財務的～非財務的な業績といった本章で
取り扱わなかった項目も射程に入れながら検討することは，「企業経営におけ
る戦略的機能としての人事管理」という近年の考え方の妥当性を確認する上で
も，重要な作業となろう。

＜注＞
　　1) 因子分析の手続きは，①各因子の固有値が1を上回る範囲で因子数を想定する，②い
　　　ずれの因子にも0.45未満の負荷量しか示さない項目については除外して再度探索的因子
　　　分析を行う，というものである。2つ以上の因子に0.45以上の負荷量を示す項目につい
　　　ても，その都度分析対象から外した。
　　2) それぞれの因子と関わりが強い（因子負荷量が0.45以上）項目を単純平均し，3つの
　　　人事ポリシーに関する変数を作成した。合成変数の信頼性，すなわち元の項目群が同じ
　　　ものの現れであると言える程度に関して言えば，それぞれの信頼性係数（クロンバック
　　　のα）が十分な水準を満たしていることが確認されている。図表2-3を参照のこと。
　　3) 近年の人事管理研究においては，「人事管理の巧拙が企業業績を左右する」という前
　　　提のもと，両者の関係を実証的に特定することが目指される傾向にある。しかし，人事
　　　のあり方と業績の関係については，その因果連鎖の長さから，極めて精緻な調査設計が
　　　求められるが，大半の研究がその点では不十分であり（Dyer and Reeves, 1995; Wright,
　　　et al., 2005），我々の調査もその例外ではない。そのため本章では，財務的指標といった
　　　人事管理にとって相対的に遠隔的な成果指標ではなく，より近接的な成果指標である従
　　　業員の態度（についての雇用主側の理解）に着目することにした。
　　4) 売上高については，グローバル連結での総売上高の実額から一億を除したものの自然
　　　対数を導出した。

5) もっとも，この事例のような10%の有意水準にとどまる変数間関係を過大評価すべき
　ではない。

＜参考文献＞

Boxall, P. and Purcell, J. (2003) *Strategy and Human Resource Management*, UK, Palgrave
　　Macmillan.

Chadwick, C. (2010) "Theoretic insights on the nature of performance synergies in
　　human resource systems: Toward greater precision," *Human Resource Management
　　Review*, 20, pp.85-101.

Delery, J. E. and Doty, D. H. (1996) "Modes of Theorizing in Strategic Human Resource
　　Management: Tests of Universalistic, Contingency, and Configurational Performance
　　Predictions," *Academy of Management Journal*, 39, pp.802-835.

DiMaggio, P. J. (1995) "Comments on "what theory is not"," *Administrative Science
　　Quarterly*, 40, pp. 391-397.

DiMaggio, P. J. and Powell, W. W. (1983) "The iron cage revistied: Institutional
　　isomorphism and collective rationality in organizational fields," *American Sociological
　　Review*, 48, pp.147-160.

Duncan, R. B. (1972) "Characteristics of Organizational Environments and Perceived
　　Environmental Uncertainty," *Administrative Science Quarterly*, 17, pp.313-327.

Dyer, L. and Reeves, T. (1995) "HR strategies and firm performance: What do we know
　　and where do we need to go," *International Journal of Human Resource Management*,
　　6, pp.656-670.

Huselid, M. A. (1995) "The Impact of Human Resource Management Practices on
　　Turnover, Productivity, and Corporate Financial Performance," *Academy of
　　Management Journal*, 38, pp.635-672.

Kepes, S. and Delery, J. E. (2007) "HRM Systems and the Problem of Internal Fit," in
　　Boxall, P., Purcell, J. and Wright, P. (eds.), *The Oxford Handbook of Human
　　Resource Management*, UK, Oxford University Press, pp.385-404.

Meyer, J. W. and Rowan, B. (1977) "Institutionalized Organizations: Formal Structure as
　　Myth and Ceremony," *American Journal of Sociology*, 83, pp.340-363.

Miles, R. E. and Snow, C. C. (1984) "Designing Strategic Human Resource System,"
　　Organization Dynamics, 13, pp.36-52.

Prefer, J. (1998) *The Human Equation: Building Profits by Putting People First*, MA,
　　Harvard Business School Press. (守島基博監修，佐藤洋一訳『人材を活かす企業』翔
　　泳社，2010年。)

Wright, P. M., Gardner, T. M., Moynihan, L. M. and Allen, M. R. (2005) "The Relationship
　　between HR Practices and Firm Performance: Examining Causal Order," *Personnel
　　Psychology*, 58, pp.409-446.

Wright, P. M. and Snell, S. A. (1998) "Toward a Unifying Framework for Exploring Fit
　　and Flexibility in Strategic Human Resource Management," *Academy of Management
　　Review*, 39, pp.836-865.

江夏幾多郎（2012）「人事システムの内的整合性とその非線形効果―人事施策の充実度に

おける正規従業員と非正規従業員の際に着目した実証分析」『組織科学』45 (3)，80-94 頁。

玄田有史・神林　龍・篠﨑武久（2001）「成果主義と能力開発」『組織科学』34 (3)，18-31 頁。

（江夏幾多郎）

第3章

人事ポリシーと組織文化

━ 本章のねらい ━━━━━━━━━━━━━━━━━━━━

　組織文化は，当該組織に共有された価値であり，組織構造や組織メンバーの行動のベースとなっている。組織文化は暗黙の仮定のパターンとして組織メンバーに共有され，彼らの協働過程において発現する。こうした一連の相互過程には，従業員の協働を調整する人事の諸制度が大きく関わっている。

　本章では，「エンプロイヤビリティ重視」，「個別化された能力開発」，「実力・貢献主義的処遇」という今日の日本企業における人事管理上の方針として導出された3つの人事ポリシーが日本企業の組織文化とどのように関連しているのかという点から，日本企業の人材マネジメントシステムの行方を考察していく。

　分析からは，今日の日本企業における組織文化が，家族主義的色彩の濃いクラン型をベースとして残しながらも，マーケット志向やビューロクラシー志向といった複数志向を包含した混合形態をとっていることが明らかにされた。さらに，人事ポリシーと組織文化の関係では，組織文化としてクラン，マーケット，イノベーション，ビューロクラシーの各志向がバランス良く観察される日本企業が「エンプロイヤビリティ重視」，「個別化された能力開発」，「実力・貢献主義的処遇」を意識する傾向が高いことがわかった。

1. はじめに

　本章では，第2章で導出された「エンプロイヤビリティ重視」，「個別化された能力開発」，「実力・貢献主義的処遇」という今日の日本企業における人事管理上の方針として導出された3つの人事ポリシーが日本企業の組織文化とどのように関連しているのかという点から，日本企業の人事システムの行方を考察していく。

　すでに検討されてきた通り，今日の日本企業の人事管理として導出された3つの人事ポリシーは相互に関連する組み合わせとして考えられる。さらに，3つの人事ポリシーそれぞれのベクトルの強弱にもバラつきがあるために，日本企業の人事管理に対するグローバル市場主義の浸透の程度には濃淡が生じている。こうした日本企業の人事システムの実態と変容過程をより詳細に検討すべく，本章では組織の諸制度や組織メンバーの行動を規定する組織文化に着目する。

　組織文化は組織メンバーに共有された価値であり，組織内のメンバーに意識されることは普段ほとんどないが，個々の行動に影響を与えている。企業組織で管理方針が示され制度として構造化すると，組織メンバーの役割は明確にされ，活動が効率的にコントロールされうる。加えて，組織メンバーは社内の至る場で繰り広げられる出来事に反応し意味を見出しながら，構造論理を超えた協働行為を展開させていくことがある。こうしたプロセスを通して，組織文化は組織価値の共有過程を通じて組織メンバーの行動を意味づけ結束させ内的統合を図ることによって，組織の存在を根本から基礎づけていく（佐藤・山田，2004）。

　組織の構造的要因と組織メンバーの行動に対して文化が持つ影響力[1]に鑑みれば，新しい人事制度を構築しても，それだけでは全体としての人事システムや組織メンバーの行動に離齬が生じる可能性がある。したがって，企業組織における人事システムの変容を，組織文化との関連で議論することもまた重要で

あろう。

このような問題意識を踏まえて，本章では今日の日本企業における組織文化の外郭を把握し，組織文化と人事ポリシーとの関係についても考察していく。とりわけ，1980年代の日本企業の組織文化の特徴として強調されてきた「家族主義」（Ouchi, 1981）から，今日の日本企業の組織文化が変遷しているとすればどのような特徴が見出されるのか，という観点から日本企業の組織文化の類型化を試みる。まず，次節2.では組織文化とは何かを概観した上で，組織文化と人事制度との関係を先行研究から整理する。3.では，当該企業組織の組織文化を診断するための分析フレームワークを設定する。4.では，アンケート調査の分析から日本企業の組織文化の類型化を図り，組織文化類型と人事ポリシーとの平均値の比較から議論を加え，5.の結論を導くこととしたい。

2. 組織文化と人事システムの関係

（1） 組織文化とは

通常，組織のフォーマルな分業と調整の仕組みを示すものとして，組織構造が想起される。「2人以上の人々の意識的に調整された諸活動のシステム」（Barnard, 1938）としての組織は，構造化された上で効率的にマネジメントされていく。もっとも，企業組織における実際の協働の場面では，組織メンバーは組織構造に規定されながらも組織のいたるところに生じる出来事に反応しながら，自らの仕事を意味づけている。

こうした組織メンバーの共有する価値を形成するのが組織文化である。佐藤・山田（2004）は，組織における行動パターンや構造的な事柄と対比させた組織文化を「個々の組織における観念的・象徴的な意味のシステム」とする。

経営学における組織文化研究の初期[2)]には，企業業績に影響を与える強い企

図表3-1　Scheinによる組織文化のレベル

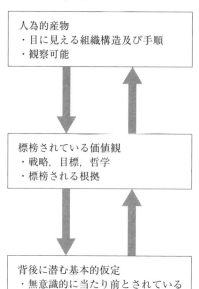

（出所）　Schein(1985)をもとに筆者作成。

業文化が強調された。例えば，Ouchi (1981) は，文化を「攻撃的，防衛的もしくは素早いといった企業の価値，すなわち様々な活動や意見や行為のパターンを規定する価値を暗示する」ものであると定義した。Deal and Kennedy (1982) においても，理念，英雄，儀礼と儀式，文化のネットワークを構成要素とする強い文化が企業の優れた業績の原動力になっているとされた。

しかし組織文化＝企業の強い文化としてしまうと，企業組織の内部にある価値の多様性や，文化自体が有する多義的な側面が見えにくい。この点，Denison (1990) によれば文化は「経営システムの基礎として役立つ，前提となる価値や信念や原則」であるという。また，Schein (1985) は，組織文化を「ある特定のグループが外部への適応や内部統合の問題に対処する際に学習した，グループ自身によって生み出され，発見され，または展開された基本的仮定のパターン」とし，組織概念を3つのレベルに分けたフレームワークを提示している（図表3-1）。

表層にある行動・現象レベルは，組織メンバーの行動パターンなど組織文化を認識・観察できるものである。こうした行動・現象は，共有された価値観や行動規範などの価値レベルによって基礎づけられている。さらに，組織メンバーですらほとんど自覚することのない基本的仮定レベルが深層部に位置づけられる。

（2） 組織文化における人事システムの位置づけ

　組織文化は，社会経済や技術，競争的環境といった外部文脈に影響を受け，事業戦略や人事システムの文脈に影響を与える。人事システムの文脈とは，当該企業の人事システムとそれにまつわる背景や発展経路等からなる包含的関係・連なりのことをいう。それと同時に，組織文化は戦略や人事システムの文脈によって間接的に影響を受けることがある。つまり，組織文化と人事システムとは相互依存関係にあり互いに影響を受けあいながら存在する（石井ほか，1985，153頁参照）。とはいえ，組織文化と人事システムとの関係は複雑に絡み合っているがゆえに，単純に両者の位置づけを論じることはできない。そこで，以下では人事システムが組織文化を伝達・促進する場合と人事システムが組織メンバーの行動を介して組織文化を変容させていく場合とに分けて考察する。

① 組織文化の伝達・促進機能としての人事システム

　組織文化は，企業の創業時に発現することが多い。Schein（2009）が指摘するように，創業者たちの信念は，最初は少数の組織メンバーに意識的に植え付けられる。その後，メンバーがそのまま企業組織に留まり信念に基づいた行動が繰り返し実行されると，無意識的な行動パターンとして形成され一連の仮定や価値を生じさせることとなる。組織メンバーが部分的に入れ替わった場合，組織活動における公式・非公式のコミュニケーションを通して，新しいメンバーにも組織価値が植え付けられていく。

　さらに，組織価値が組織メンバーの人格的価値に浸透していけば，組織は目的達成の単なる道具以上の存在になる。こうした組織活動が組織の持続的発展を導くと，組織文化は緊密で強固なものとなっていく。組織メンバーは人格的全体感を得るようになり，組織参加時の誘因と貢献の交換という意識を超えて組織へ所属すること自体にも価値を見出すようになる。このような組織の凝集力は極めて高い。

　ここで，組織文化は，組織メンバーの協働を通して独自の共有された価値として確立されていく。したがって，組織文化の伝達において人事システムは重

要な機能を担うこととなる（石井ほか，1985参照）。例えば，採用の場面におい
ては，その組織に必要な適性や知識，スキルという観点から適切な人材を選別
することによって入社後の組織価値の伝播が容易になる。同様に，教育や報酬
に関する人事制度は，組織メンバーに組織文化の理解を促し浸透させていくた
めの土台となっている。そして，これらの人事諸制度ないし人事システムがあ
いまって組織文化の「一次的植え付け」および「二次的明確化と強化」（Schein,
1985）を強力に推し進めていくこととなる。

　組織文化は様々な要因が複合的に作用しあい，長時間を経て形成されていく
（野中，1985）。人事システムや他の諸要因が組織文化と相互に規定し合いなが
ら組織メンバーの協働を促進していく中で，組織文化はますます強固なものと
して形成される。組織メンバーは協働を通して小さな成功体験を積み重ねるこ
とにより，自分の行動をパターンとして固定化させていく。その結果，組織に
根付いた組織文化を一気に変革することは困難となるのである。

②　組織文化の変革機能としての人事システム

　組織文化のもとでの共通価値に基づく解釈がなされる場合，多種多様なメン
バー間でのコミュニケーション・ロスは減り，組織的意思決定も円滑に進めら
れるだろう。しかし，それがゆえに，組織文化は組織硬直性の別の一面を生じ
させる。つまり，長期間に継続してきた組織価値が個人の認識枠組としても働
く場合，組織メンバーは慣性に従って無意識に情報を振り分け，結果的に変化
への抵抗へとつながることが多い。

　したがって，企業組織において新たな人事管理を試みたところで，組織メン
バーの行動が組織文化によって規定されていれば，新たな制度を導入時の意図
通りに機能させるのは容易ではない。また，戦略的な人事方針が直接に組織文
化を変容させていくということも考えにくい。なぜなら，組織文化が定着した
組織においては戦略的要因，組織内部の文脈（組織構造，政治，リーダーシッ
プ，技術，タスク等），外部環境要因間において絶妙なバランスが保たれてい
るために，戦略的な変化に対してある種の拒絶反応が生じる可能性が高いから
である。

もっとも，組織は環境に適応すべく，硬直性を超えるダイナミズムを内包する創造システムでもある。組織文化の変容の理論的根拠は，個人が組織の文化的・制度的環境の一方的なプレッシャーにただ従っているわけではないということから説明できる。変容の契機は，組織価値と社会価値，個人の価値とが交錯する場から生じる。組織の中で個人価値が顕在化するのは，構造化された役割上ではなく実際の協働の場における仕事のプロセスにおいてである。ここに，人事システムが果たす変革機能として，人事システムが組織メンバーの協働に積極的に働きかけることを通して，個人の信念や行動の形成を促進するということが考察される。

　組織文化は，組織を取り巻く社会価値に比べればかなりの程度で変容の余地がある。まず，社会価値や個人価値と組織価値とのズレによって，様々な組織要因間で少なからず離齬が生じるようになる。もちろん，それによって従来の組織文化が一気に瓦解するわけではない。新たな人事管理方針が打ち出され人事制度が導入・実践されていくことに加えて，トップ・マネジメントがともに組織開発等にも取り組むことで他の組織文脈にも波及させていくことによって新たな組織価値が浸透していくのである。以上を踏まえると，新しい人事制度を導入しようとすれば，その制度に関わる全ての慣行を整合的に見直すことが必要で，かつ既存の組織文化と他の組織文脈との均衡状態に絶えず注意しておく必要がある。

（3）　日本企業における組織文化と人事管理

　Schein（1985）の組織文化概念からわかるように，組織文化は，組織の外部適応や内部調整に関する問題解決の際に組織が学習してきた仮定であるということができる。この点において，加護野（1983）は，組織文化を環境適応のタイプによって分類している。すなわち，環境適応の方向性として①インフォーマルなネットワークを基礎としてネットワークによる統合かフォーマルな権限関係による統合か，②オペレーションによる漸次的な適応か製品イノベーション等によるラディカルな適応かという次元から4つのタイプ—H型（人間関係

70　第Ⅰ部　総論：日本企業の人事システム

志向），B型（官僚志向），V型（ベンチャー志向），S型（戦略志向）—を導き出している。

　H型は，組織の価値として人的ネットワークを駆使した一体感が重視され，意思決定は柔軟かつコンセンサス志向である。B型は，組織の価値として分業・権限関係・公式化による合理性が重視され，意思決定は規則・手続き志向である。V型は，組織の価値として人的ネットワークを基礎として革新が重視され，意思決定はリスクへの挑戦をおそれない独創志向である。S型は，組織の価値として明示された戦略による合理性が重視され，意思決定は分析的かつ目標達成志向である。その上で加護野（1983）は，業界・業種による傾向の差はあるものの，日本企業の多くがH型あるいはV型に位置づけられることを示唆している。

　また，Ouchi（1981）は，1980年代の米国市場における日本製品の席巻をうけて，日本企業と米国企業の特徴を比較する中で2つのタイプの理念型を描出している。それによれば，「タイプJ」（日本企業の特徴）は，終身雇用，遅い人事考課と昇進，非専門的な昇進コース，非明示的な管理機構，集団による意思決定，集団責任，人に対する全面的関わりとして見いだされる。これに対して，「タイプA」（アメリカの企業の特徴）は，短期雇用，早い人事考課と昇進，専門化された昇進コース，明示的な管理機構，個人による意思決定，個人責任，人に対する部分的関わりとして見いだされる。

3.　分析フレームワーク

（1）　組織文化の診断

　先行研究で見てきたように，組織の行動に影響を与える文化には様々な種類や次元がある。このことから，組織文化が何かということについて診断もでき

ないし変革もできないといわれることもある（e.g. Fitzgerald, 1988）。しかし，組織の制度設計やマネジメントにとっては，とりわけ今日の大きく変容しつつある日本企業の人事管理にとっては，自らの組織文化の特徴を把握し，組織文化と組織制度，組織メンバーの行動の相互依存関係にはどのような傾向が見られるのか分析していく必要がある。

そこで，前節 2. で検討してきたように，組織文化を強固な組織パターンであると同時に変容の余地のあるものとして，分析レベルを変容可能性のあるところに設定する。つまり，本分析が焦点をあてる組織文化のレベルは，組織デザインにあたってのアプローチ，組織のライフサイクルにおけるステージ，組織の有効性の定義についての見解，人事部マネージャーの役割を評価するために，組織の特徴を示すコアバリューとする。

とりわけ，組織の有効性に関しては，従来から3つの価値次元によって捉えられると考えられてきた。第1に，組織のライフサイクルにおいて内的均衡を重視するのか，外的均衡を重視するのかという次元である。組織の競争優位構築に向けて，資源獲得とタスク遂行のための合理的デザインがなされるべきであるという外的志向に対して，組織を社会技術システムと捉えれば，組織の有効性は組織参加者の協働意思や情報共有といった内的均衡によってももたらされる。第2に，組織構造すなわち安定性が強調されるのか柔軟性が強調されるのかという次元である。権限や構造によるコントロールによる組織デザインという伝統的な見解に対して，多様性や個人のイニシアティブ，組織的な適応性の観点が強調されてきたが，Lawrence and Lorsch（1967）は，このジレンマを組織の環境適応における分化と統合のバランス問題として議論している。第3に，組織目的と手段に関して組織プロセスに重きがおかれるのか最終的な結果に重きがおかれるのかという次元である（Lawrence and Lorsch, 1967; Katz and Kahn, 1978）。

組織の有効性の次元に関する議論を踏まえて，分析フレームワークを設定する。まず，多様な構成要素からなる組織文化を診断し評価するために，構成要素を包括的に取り込もうとするのではなく，要素を特定し集中すべき領域を示すこととする。そして，日本企業の置かれている経営環境の変化や競争力との

関連で人事システムの変容メカニズムを探究するという問題意識に照らして，組織の有効性を決める要因や規準について，当該組織のメンバーがどのような指標を考慮するのかといった組織のパフォーマンス面に焦点をあてた組織文化の測定を行うこととする。具体的には，Cameron and Quinn（2006）に示された競合価値観フレームワークを用いて，組織が他の組織と異なるとされる価値観や支配的なリーダーシップスタイル，言語あるいは組織を象徴するシンボル，仕事の進め方，日常業務，成功への定義といった組織の6つの側面から，日本企業の組織文化を概観する。

競合価値観フレームワークは，組織の有効性を決める主な要因，すなわち組織の有効性が高いと判断する場合にどのような指標が考慮されるのかという観点から構築されたものである。競合価値観フレームワークでは，Campbell, et al.（1974）や Quinn and Rohrbaugh（1983）等による組織の有効性に関する包括的な指標リストをもとに，有効性の主要因が絞り込まれた2次元4象限の組織文化グループが見出される（図表3-2）。

まず，組織が柔軟で裁量権があり，活力やダイナミックさを重視するか，それとも安定的で規律と管理を重視するかという次元である。2つ目として，組

図表3-2　組織文化の競合価値観フレームワーク

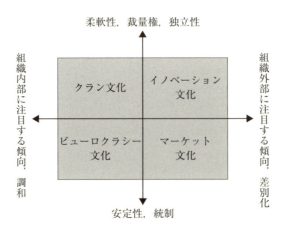

（出所）　Cameron and Quinn（2006）をもとに筆者作成。

織が内向きで，統合，団結を重視するかどうか，それとも組織が外向きで，差別化と競争を重視するかという次元である。

　調査では，組織全体をどのように据えることができるか，組織のリーダーシップスタイル，従業員の管理を特徴づけるスタイルと，組織の戦略を促進する領域，成功の評価基準において具体的な質問項目を設定し，自社がどれくらい当てはまるのかを割合で回答してもらうという形式をとった。

（2）　人事ポリシーとの関係

　日本企業の人事管理においてグローバル市場主義が浸透しつつあることは，本書においてこれまでも繰り返し強調されてきた。第2章では今日の日本企業の人事システムを特徴づける人事ポリシーが抽出された。人事ポリシーとは，戦略に適合した人事施策を導くガイドラインであり，人事施策の実践にかかる様々な決定がこの人事ポリシーに基づいて行われていくことになる。本章では，日本企業の組織文化タイプと人事ポリシーとの関係についても平均値の比較を測って検討していくこととする。

4．日本企業の組織文化類型と人事ポリシー

（1）　日本企業における組織文化の傾向

　まず，本分析における日本企業（N：122社）の組織文化の傾向を概観する。競合価値フレームワークにおける2軸—柔軟志向と統制志向，内部志向と外部志向—の4タイプで分類すれば，社内的かつ柔軟志向（クラン）の企業が66社（54.1％）と最も高い割合であった。その次に多かったのは，外的かつ統制志向（マーケット）の38社（31.1％）で，内的かつ統制志向（ビューロクラシー）

図表 3-3　日本企業における組織文化 4 タイプの内訳

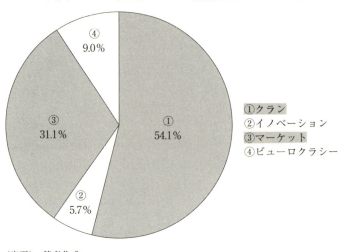

（出所）筆者作成。

の企業が11社（9.0％）と続き，一番少なかったのは外的かつ柔軟志向（イノベーション）の7社（5.7％）であった（図表3-3）。

（2） クラスタ分析による組織文化の類型化

　組織文化診断によって，各企業の組織文化がそれぞれクラン，イノベーション，マーケット，ビューロクラシーの4タイプにプロットされた。しかし，診断からは4つのタイプのうち2ないし3つの組織文化の特徴を併せ持つ企業が非常に多いことが明らかになった。例えば，クランタイプにプロットされたものでも，マーケット志向についてもクラン志向と同様の程度に高い割合を示すものや，クランタイプではあるがビューロクラシー志向も見られるものが観察された。

　そこで，この競合価値観フレームワークをベースにしながらも，「外的・内的」「柔軟的・統制的」の混合形態としての組織文化タイプをより詳細に抽出すべくクラスタ分析を行った。その結果，マーケット割合の高いグループ（第1クラスタ：21社），ビューロクラシー割合の高いグループ（第2クラスタ：12社），

第3章　人事ポリシーと組織文化　75

図表 3-4　クラスタ分析による組織文化の類型化

	マーケット志向 （21 社）	ビューロクラ シー志向（12 社）	バランス志向 （52 社）	クラン志向 （37 社）
クラン	19.3	25.6	28.8	42.5
イノベーション	17.5	9.1	25.3	14.0
マーケット	45.6	25.2	26.8	24.6
ビューロクラシー	17.4	37.0	19.0	18.7

（出所）　筆者作成。

クラン，イノベーション，マーケット，ビューロクラシーの各割合に偏りがあ
まり見られなかったグループ（第3クラスタ：52 社），クラン割合の高いグルー
プ（第4クラスタ：37 社）を抽出した（図表3-4）。

　以下では，日本企業の組織文化のタイプを第1～4クラスタに従って，①マー
ケット志向，②ビューロクラシー志向，③バランス志向，④クラン志向の4類
型に分けて考察を行うこととする。

（3）　組織文化と人事ポリシーの平均比較

　クラスタ分析によって導出された組織文化の4類型によって，企業組織にお
ける人事ポリシーが重視される程度は異なっているのだろうか。異なるとすれ
ば，組織文化の類型間において，人事ポリシーに関してどういった傾向が見ら
れるのだろうか，こうした点を検討するために，組織文化と人事ポリシーにお
ける平均値の差を検定するために，Bonferroni の多重比較検定を行った。それ
ぞれの組織文化タイプにおける人事ポリシーの平均比較をグラフ化したもの
が，図表3-5である。

　人事ポリシーの第1因子である「エンプロイヤビリティ重視」に関しては，
以下の結果が得られた。いずれの組織文化タイプにおいても，「個別化された
能力開発」に比べて「エンプロイヤビリティ重視」の人事ポリシーを意識して
いることがわかる。その中でも最も「エンプロイヤビリティ重視」を実践しよ
うとしているのが，バランス志向の組織文化を持つ企業群である。

　人事ポリシーの第2因子である「個別化された能力開発」に対する組織文化

76　第Ⅰ部　総論：日本企業の人事システム

図表 3-5　組織文化の類型で見られる人事ポリシーの差

	エンプロイヤビリティ重視	個別化された能力開発	実力・貢献主義的処遇
①マーケット	3.6	3.1	3.6
②ビューロクラシー	3.5	3.1	2.8
③バランス	3.8	3.4	3.7
④クラン	3.7	3.3	3.6

①マーケット　②ビューロクラシー　③バランス　④クラン

(注)　† ; $p < .10$, * ; $p < .05$, ** ; $p < .01$, *** ; $p < .001$
(出所)　筆者作成。

の相違に関しては，以下の結果が得られた。バランス志向とクラン志向の組織
文化をもつ企業ほど，「個別化された能力開発」を意識する傾向があり，マーケッ
ト志向とビューロクラシー志向についてはバランス志向やクラン志向に比べる
と重視されない傾向が観察される。人事ポリシーの第3因子である「実力・貢
献主義的処遇」に関しては，バランス志向，クラン志向とビューロクラシー志
向との間で統計的に有意な差が見られた。すなわち，バランス志向，クラン志
向の組織文化を有する日本企業は，ビューロクラシー志向に比べて「実力・貢
献主義的処遇」を意識する傾向が高い（5%水準で有意）。

（4）　今後の日本企業の人事ポリシーと組織文化の方向性

　本分析から，日本企業の組織文化の傾向として，1980年代に見られたクラ
ン型の組織文化から，市場志向や統制志向といった要素をバランスよく包含し
た組織文化へと変容していることが示されている。また，クラスタ分析によっ
て，マーケット割合の高いグループ，ビューロクラシー割合の高いグループ，

バランスよく各要素を併せ持ったグループ，クラン割合の高いグループの4つの組織文化類型が導出された。

とりわけ，注目されるのはいずれの類型においてもクラン割合が約20％以上も残っていることである。日本企業の組織文化の4類型のベースに，家族主義的色彩の濃いクラン志向の要素が残っている理由としては，これまでの組織文化・制度の経路依存性，内部労働市場の発達が影響していることが考えられる。組織文化が変容するといっても，全く新しい組織文化が形成されていくのではない。おそらく，組織文化の形成過程においては，従来の組織価値が見直されるとともに社会価値や個人価値が吸収されながら新しい組織価値が創造されていくのであり，既存の組織価値と新たな価値との共存在が可能な次元にシフトしていくのであろう。

また本分析からは，バランス志向の組織文化を有する日本企業の割合が多く，また，そうした企業は他の志向の組織文化を有する企業に比べて，いずれの人事ポリシーについても意識する傾向が高い。このことから，今後の日本企業の人事管理の方向性として，バランス志向の組織文化との整合性を保ちながら，「エンプロイヤビリティ重視」，「個別化された能力開発」，「貢献主義的処遇」に基づく人事システムが展開されることが示唆される。

5. む す び

企業組織の多様な諸制度は，組織文化の変容という視点から考察していくことによって，単なる表面的な制度ではない様々な組織現象と連結したシステムとして分析されうる。本章では，日本企業の人事システムの実態と変容過程をより詳細に分析していくために，組織の諸制度や組織メンバーの行動を規定する組織文化に焦点を当てた検討を行ってきた。先行研究レビューにおいては，組織文化と人事システムの位置づけと特徴，両者の関係が議論された。次に，組織の有効性に関する内的志向―外的志向，安定志向―統制志向という2軸4

タイプを手掛かりに日本企業の組織文化タイプの調査分析が行われた。その結果，今日の日本企業における組織文化が，家族主義的色彩の濃いクラン型をベースとして残しながら，マーケット志向やビューロクラシー志向といった複数志向を包含した混合形態をとっていることが明らかにされた。さらに，人事ポリシーの関係では，組織文化としてクラン，マーケット，イノベーション，ビューロクラシーの各志向がバランス良く観察される日本企業が「エンプロイヤビリティ重視」，「個別化された能力開発」，「実力・貢献主義的処遇」を意識する傾向が高いということが見いだされた。

もっとも，本分析対象の企業は，日本能率協会（JMA）の会員企業であり，設立から現在に至るまで長期間存続してきた大企業が多い。今後の課題として，業種，規模等の観点を考慮しながら，さらにきめ細かく日本企業の組織文化のタイプの考察を行っていかなければならない。

<注>

1) 当然に，組織的実践の創造や拡散，安定性におけるアクターの主体性を軽視することはできない。制度への適合だけではなく，アクターが主体的に振る舞うという2面性については，第2節で考察する。
2) 北居（2014）で示されているように，組織文化研究の源泉は，メンバーに共有されたイデオロギーが生産制限や公式の規則やぶりを正統化していることを見出した1930年代のホーソン実験やP. Selznickら1950年代の制度派組織論の初期の研究などに既に存在していた。また，1970年代以降盛んとなった新制度派組織論に見られる，人々が当然視している「神話」としての制度，疑問視されない価値観といった考え方は組織文化とメンバーの行動の関係性の考察に大きな影響をもたらしている（Scott, 2014）。

<参考文献>

Barnard, C. I. (1938) *The Functions of the Executive*, Harvard University Press.（山本安次郎・田杉競・飯野春樹訳『新訳　経営者の役割』ダイヤモンド社，1968年。）

Cameron, K. S. and Quinn, R. E. (2006) *Diagnosing and Changing Organizational Culture*, John Wiley & Sons.（中島豊監訳『組織文化を変える―「競合価値観フレームワーク」技法―』ファーストプレス，2009年。）

Campbell, J. P., Brownas, E. A., Peterson, N. G. and Dunnette, M. D. (1974) *The Measurement of Organizational Effectiveness: A Review of Relevant Research and Opinion*: Navy Personnel Research and Development Center, Personnel Decisions.

Deal, T. E. and Kennedy, A. A. (1982) *Corporate Culture: The Rites and Rituals of Organizational Life*: Addison-Wesley.（城山三郎訳『シンボリック・マネジャー』新

潮文庫，1997 年。）

Denison, D. R.（1990）*Corporate Culture and Organizational Effectiveness*, Wiley.

Fitzgerald, T.（1988）"Can change in organizational culture really be managed?," *Organizational Dynamics*, Vol.17, pp.4-16.

Katz, D. and Kahn, R.（1978）*Social Psychology of Organizations*（2nd ed.）, Wiley.

Lawrence, P. R. and Lorsch, J. W.（1967）*Organization and Environment: Division of Research*, Harvard Business School.（高宮晋監訳『組織の条件適応理論』産業能率大学出版部，1977 年。）

Ouchi, W. G.（1981）*Theory Z: How American Business can Meet the Japanese Challenge*, Addison-Wesley.（徳山二郎監訳『セオリー Z─日本に学び，日本を超える』CBS ソニー出版，1981 年。）

Quinn, R. E. and Rohrbaugh, J.（1983）"A spatial model of effectiveness criteria: toward a competing values approach to organizational analysis," *Management Science*, Vol.29, pp.363-377.

Schein, E. H.（1985）*Organizational Culture and Leadership: A Dynamic View*, Jossey-Bass.（清水紀彦・浜田幸雄訳『組織文化とリーダーシップ：リーダーは文化をどう変革するか』ダイヤモンド社，1989 年。）

Schein, E. H.（2009）*The Corporate Culture Survival Guide*, New and Revised Edition, Wiley.（尾川丈一監訳『企業文化─ダイバーシティと文化の仕組み─（改訂版）』白桃書房，2016 年。）

Scott, W. Richard（2014）*Institutions and Organizations: Ideas, Interests and identities*（4th ed.）, SAGE.

石井淳蔵・奥村昭博・加護野忠男・野中郁次郎（1985）『経営戦略論』有斐閣。

加護野忠男（1983）「経営戦略と組織文化」『一橋ビジネスレビュー』31 巻 1 号，50-61 頁。

北居　明（2014）『学習を促す組織文化─マルチレベル・アプローチによる実証分析─』有斐閣。

佐藤郁哉・山田真茂留（2004）『制度と文化─組織を動かす見えない力─』日本経済新聞社。

野中郁次郎（1985）『企業進化論─情報創造のマネジメント─』日本経済新聞社。

（庭本佳子）

第Ⅱ部

各論：人材の多様化と育成

第4章

人材育成と参加的意思決定

--- **本章のねらい** ---

　組織の意思決定は経営トップの問題として扱われることが多いが，下位層の従業員も，それぞれの立場で意思決定に関与している。つまり，従業員一人一人の意思決定と行為の集積が企業の経営行動に他ならない。また組織の協働システムにおいて，意思決定は評価報酬，昇進，育成といった人事システムと無関係に行われるものではない。特に，日本企業は伝統的にボトムアップ型の意思決定の傾向が強いと言われている。アメリカ企業のようなトップに意思決定の権限が集中している組織に比べると，日本企業では中間管理職や一般従業員の意思決定への影響は大きい。しかしながら，組織の意思決定の問題は，人事システムの議論の中ではこれまであまり検討されてこなかった。これは，組織の意思決定が経営者の意思決定と見られがちで，従業員の意思決定の経営全体への影響が過少に評価されてきたからである。

　本章では，日本企業の意思決定と，人事システムの相互の影響関係について議論する。日本企業の伝統的な従業員参加的な意思決定と人事システムが，相互補完的であること，特に，人材育成の仕方が参加的な意思決定に与える影響について考える。

1. はじめに

日本企業の意思決定は一般的に「ボトムアップ型」や「コンセンサス型」と言われる。ボトムアップ型の意思決定とは，一般従業員や中間管理職が，新製品開発や新規事業開拓のような重要な意思決定に関与し，上級管理職の意思決定に影響を及ぼすことを言う。そうした意思決定のあり方は，かつての高度経済成長期には，組織構成員の高いコミットメントを引き出し，労使の一体化を促す日本企業の強みの1つとされてきた。

1970年代から80年代にかけて，こうした従業員参加型の手法は，海外の研究者や実務家たちの関心を集めた（Wagner and Gooding, 1987a）。しかし日本企業の業績が長期的な停滞期に入ると，一転してそれは，意思決定に時間がかかる，あるいは責任の所在が曖昧である，といった負の側面が強調されるようになった。すなわち「グローバル市場主義」の環境下にあって伝統的なボトムアップ型意思決定は機能的でないという批判である。

バブル経済崩壊以降，日本企業は，グローバル競争，規制緩和，情報通信技術等の飛躍的な発展と，市場および社会の変化への適応に迫られ，変化してきた。この間に日本企業で起きた様々な変化については，すでに多くの研究がある。例えば，上林（2013）では，企業統治，戦略，組織，人事という多角的な視点から，「日本的経営」が全盛だった時代との比較がされている。この中で，かつて「日本的経営」と呼ばれた日本企業の経営システムは，経営活動のグローバリゼーション，特にアメリカ型の市場主義の浸透に影響を受けて変化をしていること，しかし，それは経営の各側面によって差異があり，組織・人事面においては，アメリカ型をそのまま模倣しているのではなく日本企業独自の特徴が見られることが主張されている。

かつて Abegglen（1958）は，日本企業の意思決定とアメリカ企業のそれとの相違を指摘した。その後，日本のボトムアップ型の意思決定は，Drucker（1971）や Ouchi（1981）などによりマネジメント手法としての優位性が指摘さ

84　第Ⅱ部　各論：人材の多様化と育成

れたが，そもそも「日本企業の意思決定プロセスとは何か」という議論は，必ずしも厳密になされてはいない（長瀬，2001）。また，グローバル市場主義の進展に伴う組織内外の環境の変化に耐えうるのかについても，十分な検討がなされていないようである。

　本章では，日本企業の意思決定プロセスについて再考し，それが現在の日本企業の人事システムの中でどのように機能しているのかについて，調査データの分析を踏まえて検討する。

2．意思決定への参加

（1）　組織の意思決定

　意思決定のプロセスを科学的に解明しようとした Simon（1997）は，意思決定に関わる研究は企業の表に現れた「行為」の過程のみに注目し，その背後に必ずある「決定」の過程を無視してきたと指摘した。さらに，組織の意思決定という営みは，組織のあらゆる階層で日常的に行われる「行為」とともに経営組織全体のどこでも行われていると述べている（Simon，1997）。

　こうした Simon の指摘からも，経営における意思決定が経営トップのレベルのみで行われているのではなく，組織を構成するあらゆるレベルで行われているということがわかる。ただし Simon は，経営トップから一般従業員へという，いわゆるトップダウン型の意思決定を前提としている。

（2）　日本企業の意思決定

　一方で，日本企業の組織の意思決定プロセスに目を向けると，前述したトップダウン型の意思決定は必ずしも当てはまらない。

日本企業の意思決定の特徴としては，集団による合議制であり全会一致が好まれること，比較的低い職位の従業員からの問題解決を含む提案が日常的に行われること，「根回し」と呼ばれる部署間，職務階層間での調整が事前に行われるとなどが挙げられる（Abegglen, 1958; 間, 1971; Misumi, 1984）。具体的に稟議制度を例にあげると，業務の執行について経営上重要な事項が，組織体の下部（下層から中間の管理層）によって起案され，関係部署による協議を経て上部機関によって決裁される。その過程で，文書（稟議書，起案書）が回覧され，各関係者の承認，決裁が行われる（小野, 1983, 5 頁）。今日では，稟議書がデジタル化され，複数の承認者に同時に承認を受けることが可能になるなど，スピードアップは図られているものの，基本的なプロセスは変わっていない。

こうした意思決定プロセスは，優れた部署間のインターフェース，決定の後の実行の速さ，現場や顧客への迅速な対応という強みを持つ一方で，決定までに時間がかかる，責任の所在が曖昧，調整困難な事案の先送りといった弱みがあるとされた（間, 1971; Misumi, 1984; Kono and Clegg, 2001）。

日本企業の意思決定はどのような構造を持っているのであろうか。欧米の組織においては，人間の「限定合理性」[1] を踏まえ，意思決定すべき問題の領域を細分化し，それぞれの領域の専門家に限られた範囲の意思決定権限を割り当てることによって意思決定の合理性が高まると考えられている（Simon, 1997）。

一方，日本においては意思決定すべき問題をあまり細分化せず，意思決定の過程を組織の上位者と下位者とで緩やかに分担しながら，合意を形成していく。

Simon（1977）によれば，意思決定の過程は①意思決定課題の探索，②可能な代替案の発見，③代替案の選択，④選択結果の再検討の 4 つの段階からなる。稟議制度においては，職位の低い者が起案という形で①と②を，職位の高い者が③を担当するなど，意思決定の過程を分けて担当している。この意思決定プロセスの一連の過程を階層間で一つのフローとして共有することで，お互いの情報を交換し，階層間で情報の伝達とフィードバックがなされる。こうして意思決定に階層間の様々なレベルの意見を取り入れることにより，合理的な意思決定をしようとしていると解釈できる（浅井, 2018）。

（3） 参加的意思決定

　低い階層の従業員が意思決定に関わる日本企業の意思決定の方法は，欧米の組織論の研究者の間で「参加的意思決定」と言われ，従業員の自己決定を尊重することにより，やる気やコミットメントの向上，さらには従業員のパフォーマンスの向上に効果があるとされている（Locke and Schweiger, 1979; Wagner and Gooding, 1987b; Saige and Koslowsky, 2000)。それらの実証研究は，1950年前後から現在に至るまで多くの研究者によってなされているが，その研究結果をまとめると，従業員による意思決定への参加は従業員の職務満足にはおおむね正の効果を示すが，課業業績（パフォーマンス）や組織の業績への効果は弱いということが分かっている（Wagner, et al., 1997; Saige and Koslowsky, 2000)。

　ところで，稟議制度のような意思決定のフローに多くの従業員を参加させる場合の効果を，参加的意思決定の理論モデルに従って説明するには以下の点で問題がある。一点目は，参加的意思決定では，作業グループ単位でのタスク業績や生産性の向上が目的であり，企業全体の業績や成長との関わりは明確でないことである。日本企業の場合，1つのチームや部署を超えた集団による意思決定が行われており，稟議制度による意思決定プロセスへの参加の効果は，1つのチーム内での効果に留まるものではない。二点目は環境や状況の影響として1つのチームや作業集団単位内での要因のみが取り上げられ，組織的な要因は所与とされている点である。こうした問題が生じるのは，日本企業と米国企業との間で組織的な背景が異なるためであると考えられる（浅井，2018)。

　アメリカの組織における参加的意思決定は，一人のマネジャーの下の作業グループ，チーム内での意思決定への参加を前提としている。このため，参加的意思決定によって決定される案件は，個別のマネジャーの権限の範囲内に限定されている。また，参加的な意思決定手法をとるか否かは，マネジャーの判断にゆだねられている。しかし，日本企業においてはそもそも職務間の分業が米国に比べると曖昧である上に，稟議制度のように，自身の職位で決定できる権限の範囲を超えた提案をすることや，部署や階層を超えて意見の「すり合わせ」を行うことは日常的である。またそれは，組織の制度あるいは習慣として定着

しているため，昇進や異動などによって人が入れ替わっても継続的に行われる。そのような中で，現場からの情報と，それに対する組織上層部の経営的な判断とが，前述した意思決定の分業プロセスによって情報共有され，ネットワークによる問題解決を行うのが日本企業の意思決定の特徴であり，米国におけるチーム内に限定された参加的意思決定と大きく異なる点である。

3. 日本企業の人事システムと参加的な意思決定

　前節で述べたような階層を超えた共同意思決定は，日本企業の特徴である。アメリカの企業では従業員参加的な手法を取ったとしても，複数の階層に渡って調整を行うようなやり方は行われない。それではなぜ日本では，広く階層を超えた意思決定が行われているのだろうか。

（1）　社員格付け制度（人事等級制度）

　それは日本企業の社員の格付け制度と関係があると考えられる。日本では解雇に対する法的制約が厳しく簡単に従業員を解雇することができない。したがって，一度採用した社員に，場合によっては様々な業務をこなしてもらわなければならない。そのため，曖昧な職務区分の下で，その人の職務遂行能力を測り，その職務遂行能力の上昇に応じた報酬によって，従業員のやる気や努力を引き出そうとする（平野，2006）。こうした従業員の職務遂行能力を賃金にリンクさせる社員格付け制度を職能資格制度という。一方で，アメリカでは就いている職務の価値に応じた賃金を支払う職務等級制度が一般的であり（渡辺，2015），従業員は予め契約で決められた職務以外の仕事を行うことに対して報酬による動機付けがない。

　日本企業において，職位の低い従業員が，公式には自分の職位では決定の権限のないレベルの問題についても積極的に取り組むのは，それが自らの能力を

88 第Ⅱ部 各論：人材の多様化と育成

示す機会であり，そのことが自身の評価や報酬につながるという動機付けがあるからである。

(2) 人材育成

同じく，社内人材を活用しなければならないという理由から，日本企業は内部労働市場で将来の経営幹部，会社の中核を担う人材を継続的に育成しようとする。その育成は OJT（On-the-Job Training）が中心である（小池, 1991；佐藤, 2012）。育成活動は職場の仕事の中に組み込まれ，主に OJT を通じて技能を発達させていく。こうして形成される技能の中核は，ホワイトカラー，ブルーカラー問わず，「不確実性への対処」である（小池, 1997）。職位が一般従業員から，下級管理職，中級管理職，上級管理職と上がるに従って，業務は定型的なものから非定型的な判断を伴う不確実性の高いものになる。こうした業務への対応は，現場での幅の広い経験から学ぶことができる「周辺的変化（小さな変化）」への対応能力と，高度な専門性を前提とする総合的判断能力が必要な「根本的変化（大きな変化）」への対応能力が必要とされる。後者の能力には，不確実性が高い状況で，できるだけ速く，リスクを取った判断ができるかどうかという能力も含まれる（小池・猪木, 2002）。

個人の業務能力を向上させるには，現有する業務能力を超えるような経験（ストレッチ経験）が付与されることが必要である（中原, 2012）。職位の低い従業員が起案や提案という形で意思決定に参加する場合，当該の従業員はまさに現有する自らの業務能力を超えるストレッチされた経験をしていることとなる。

(3) 人事システムと意思決定の相互補完的な関係

日本企業において，戦略的に重要な意思決定に，比較的低い職位の従業員が階層を超えて意思決定に参加することが可能なのは，社内人材を長期に渡って活用することが重要だからである。必要な人材を必要なときに外部の労働市場から獲得するのではなく，社内から必要な人材を供給しようとすれば，常に従

業員の能力を社内で伸長させ，その潜在能力をモニターしておかなければならない。したがって，従業員の判断力や対応能力を見極められるような仕事を，従業員に与えることになる。曖昧な職務区分や，職能資格制度はそうした人材の内部活用に適した制度である。職能資格制度のもとで従業員も自らの現有能力を超えるような判断を伴う仕事を進んで受け入れることができる。

4. 仮説と調査デザイン

（1） 仮　説

これまでの議論をまとめると，以下の３つのリサーチクェスチョンが導かれる。
① 日本企業における意思決定は，組織の下層が起案へ参加し，上層が決定するという，意思決定プロセスの階層間での分業の構造を持つ。
② 組織の下層による起案への参加は社内で管理職を育成するための OJT の機能を持つ。
③ 起案への参加による人材育成の効果は，社員格付け制度などの人事制度と補完的な関係にある。

これら３つの RQ を検討するために，以下の３つの仮説を立て，調査を行った。
仮説１：日本企業において，意思決定は起案と決定の２つのプロセスで，それぞれ職位の下位層と上位層で分かれて行われている。
仮説２：下位層の起案への参加は管理職への育成を促進し，管理職クラスの人材の充足につながる。
仮説３：人事制度（社員格付け制度，報酬制度，管理職育成方針）は，起案

90　第Ⅱ部　各論：人材の多様化と育成

への参加による管理職の人材育成の効果に影響を与える。

（2）　調査デザイン

これらの仮説を検証するために，①組織の意思決定，②管理職の充足度，③社員格付け制度，④報酬制度，⑤管理職の育成方針について質問項目を作成した。

①　組織の意思決定

仮説1を検証するために，意思決定を「起案（提案）」という部分と，「決裁（決定）」という部分に分け，それぞれについて意思決定に参加が可能な一番低い職位（1: 役員クラス，2: 部長クラス，3: 課長クラス，4: 係長・主任クラス，5: 非管理職の一般従業員）を尋ねた。また，「意思決定」も様々なレベルがあることを考慮し，Ansoff（1965）を参考に，戦略的意思決定，管理的意思決定，業務的意思決定に分け，それぞれの具体的な決定事項を例にあげて質問項目とした。分析の際には，全レベルの得点を起案可能な職位と決裁可能な職位それぞれについて合計したものを使用した。

②　管理職クラスの人材の充足度

仮説2および，仮説3を検証するために，育成効果を表す変数として，管理職を担う人材が十分に確保できているかどうかを，階層ごと（主任・係長クラス，課長クラス，部長クラス，役員以上クラス）に1. 全く確保できていない～5. 十分に確保できている，の5件尺度で尋ねた。育成効果として各企業における全般的な管理職の人材確保の状況について分析するため，全ての階層（クラス）の得点を平均したスコアを使用した。

③　社員格付け制度

仮説3を検証するため，社員格付け制度は平野（2011）の「人事等級の決定基準」を用いた。職務遂行能力に基づく等級制度か，職務価値に基づく等級制度かについての5つの質問項目を作成し，管理職と非管理職のそれぞれについ

て 1. 当てはまらない〜 5. 当てはまる, の 5 件尺度で質問した。

④　報酬制度

　評価報酬制度は, 奥西 (2001) を参考に作成した。賃金の決定要因を職務遂行能力, 勤続年数, 職務価値, 個人業績に加え, チーム業績, 会社業績といったチームに対するインセンティブ賃金について, それぞれが報酬決定に影響を及ぼす割合を月例給, 賞与それぞれを 100 とするスコアで管理職, 非管理職の別に尋ねた。分析には月例給, 賞与, 管理職, 非管理職の数値を要因ごとに合計したものを使用した

⑤　管理職の育成方針

　管理職の人材育成方針は, 日本企業に典型的な, 長期雇用を前提にした企業特殊技能の形成および, 育成目的の配置などが重視される内部育成型か, 市場での評価をもとにしたスペシャリスト型の一般的専門技能形成と外部からの獲得, 職務に必要な技能を持つ人材の配置が重視される外部獲得型かについての 10 項目の質問項目について, 1. 重視していない〜 5. 重視している, の 5 件尺度で質問した。

5.　分　　析

(1)　分析の枠組み

　以上の質問項目を用いて, 仮説を検証するために以下の 3 つの分析を行った。
　分析①：組織の意思決定において, 「起案」に参加できる職位と「決裁」に参加できる職位が分かれているかを検証するために, 起案可能な職位の平均値と決裁可能な職位の平均値を比較し, その差を検定した。

92　第Ⅱ部　各論：人材の多様化と育成

図表 4-1　分析フレームワーク

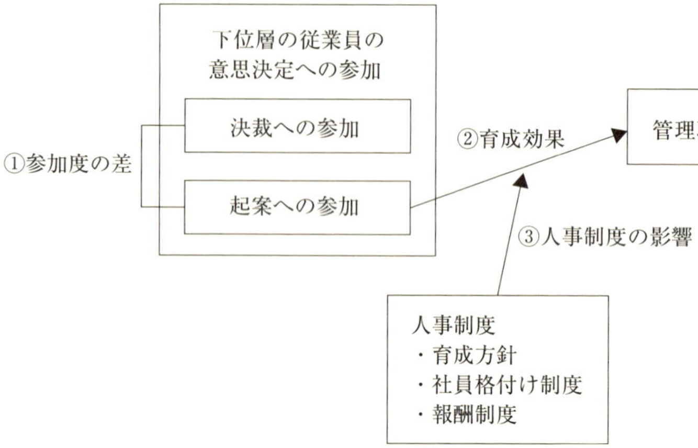

　分析②：「起案への参加」が管理職の育成に影響を与えているか否かを，重回帰分析を用いて分析した。「起案への参加」の影響と比較するために，「起案」と「決裁」を加算平均した合成変数（参加全体）と，「決裁のへの参加」も，分析モデルに加えて検証した。

　分析③：「起案」への参加による管理職育成効果が人事制度によってモデレートされるかどうかを，交互作用項[2]を入れた重回帰分析を用いて検証した。

（2）　分析結果

▶分析①

　「起案への参加」と「決裁への参加」の平均値を全てのレベルを合計したもの，戦略的，管理的，業務的それぞれのレベルで比較し，平均値に有意な差があるかどうかを検定したところ，すべてのレベルで起案と決裁では参加できる職位に統計的に有意な差（有意水準 5 %）があることが示された（図表 4-2 を参照）。したがって，仮説 1 が支持された。つまり，日本企業では意思決定において，起案は低位の職位が，決裁は上位の職位が行っていることが確認された。

第4章 人材育成と参加的意思決定 93

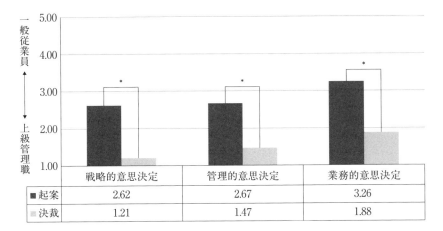

図表 4-2 意思決定に参加できる職位の差

(注) 平均の差の検定（t 検定）＊：p＜0.5

▶分析②

重回帰分析には，被説明変数（結果変数）に「管理職の充足度」を，説明変数に「起案と決裁の合成変数」,「起案への参加」,「決裁への参加」を，統制変数に,「内資ダミー（外資＝0, 内資＝1）」,「製造業ダミー（非製造業＝0, 製造業＝1）」,「従業員の平均勤続年数」,「全従業員数（対数）」,「操業年数」を設定した。「起案への参加」の効果を比較するために, 3つの参加度の変数（起案と決裁の合計, 起案への参加, 決裁への参加）をそれぞれ1つずつ分析モデルに投入して，その違いを比較した（図表 4-4 を参照）。その結果,「起案への参加」は有意な正の効果（有意水準1％）を持つことが示された。「決裁への参加」を説明変数にしたモデル3はモデルの説明力が低く，管理職の充足に影響があるとはいえないということが示された。したがって，仮説2は支持された。つまり，低位の職位による起案への参加は，管理職を育成する効果があるということが確認された。

▶分析③

「起案への参加」による管理職の人材育成効果に人事制度が与える影響を検討するために，まず，それぞれの人事制度についての質問項目に対して因子分

94　第Ⅱ部　各論：人材の多様化と育成

図表4-3　管理職人材の充足度を被説明変数とする重回帰分析の結果

独立変数	管理職人材の充足度		
	β	β	β
内資ダミー	-0.098	-0.071	-0.105
製造業ダミー	-0.147	-0.165	-0.122
従業員の平均勤続年数	0.051	0.061	0.042
全従業員数（対数）	-0.149	-0.161	-0.156
操業年数	0.139	0.133	0.12
参加度全般（起案と決裁の合計）	0.256*		
参加度（起案）		0.295**	
参加度（決裁）			0.187†
調整済み R^2	0.072	0.097	0.038
F値	2.273*	2.816*	1.667

（注）　有意水準†：10%，*：5%，**：1%，***：0.1%

析（最尤法，プロマックス回転）を行い，分析に使用する変数を検討した。その結果，管理職の育成方針の因子は，「内部育成型」と「外部獲得型」の２つの因子に分かれた。同一因子の質問項目の得点を平均して合成し，「人材育成－内部育成型」（信頼性係数 α：0.715）と「人材育成－外部獲得型」（信頼性係数 α：0.677）とした。

　社員格付け制度も同様の因子分析を行った結果，４因子に分かれたため，それぞれ能力主義，市場主義，職務主義，役割主義とし，分析には，日本企業の社員格付け制度の実態をよく反映していると考えられる能力主義（信頼性係数 α：0.808），職務主義（信頼性係数 α：0.864），役割主義（信頼性係数 α：0.798）の３つの因子を使用することとし，各因子の質問項目の得点を平均して合成した変数を設定した。

　報酬制度は前述したように，月例給，賞与，管理職，非管理職の数値を要因ごとに合計したものを使用した。

　これらの変数を，「起案への参加」が「管理職人材の充足」に与える効果をモデレートする変数として，「起案への参加」との交互作用項を作成して回帰モデルに投入した。

　社員格付け制度，管理職育成方針，報酬制度のうち，「起案への参加」が「管理職充足度」に与える効果をモデレートするのは，「内部育成型」の管理職育

図表 4-4 「起案への参加」による人材育成効果に人事制度が与える影響の分析結果

	管理職充足度
独立変数	β
内資ダミー	-0.13
製造業ダミー	-0.196†
従業員の平均勤続年数	0.06
全従業員数（対数）	-0.026
操業年数	0.144
参加度（起案）	0.247*
社員格付け－能力主義	
社員格付け－職務主義	
社員格付け－役割主義	
育成方針－内部育成	0.007
育成方針－外部獲得	
給与－職務遂行能力	
給与－職務価値	
給与－個人業績	
給与－チーム業績	
給与－会社業績	
参加度（起案）×社員格付－能力主義	
参加度（起案）×社員格付－職務主義	
参加度（起案）×社員格付－役割主義	
参加度（起案）×育成方針－内部育成	0.264**
参加度（起案）×育成方針－外部獲得	
参加度（起案）×給与－職務遂行	
参加度（起案）×給与－職務価値	
参加度（起案）×給与－個人業績	
参加度（起案）×給与－チーム業績	
参加度（起案）×給与－会社業績	
調整済み R^2	0.125
F 値	2.811**

(注) † : $p < 10$, * : $p < .05$, ** : $p < .01$

図表 4-5　起案による参加の管理職充足度に「内部育成型」の育成方針が与える影響

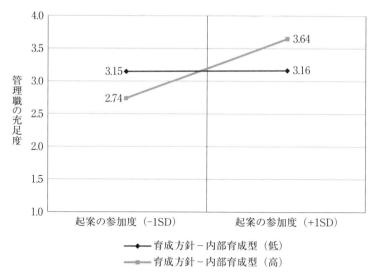

成方針であった（図表 4-4 参照）。外部獲得型の育成方針は，管理職人材の充足度に直接的な効果を持つが，「起案への参加」の効果に対する交互作用は認められなかった。

以上の結果から，仮説 3 の人事制度のうち，内部育成型の育成方針のみが，「起案への参加」の管理職人材育成への効果を高める効果があることが確認できた。（記述統計量および，相関分析表は章末に記載した[3]。）

6. 考　察

日本企業において，意思決定の過程のうち，起案・提案部分への参加が管理職育成の役割を果たしていることが示された。さらに，意思決定の権限を下位の職位に委譲して組織を分権化する「決裁」への参加は，管理職の育成への効果は見られないという結果から，決定の権限を下位の職位に委譲するよりは，

起案や提案に下位の職位を参加させ，決定の権限は上位の管理職に委ねる方が育成に効果があるということが分かった。つまり，日本企業のボトムアップ型の意思決定は，これまで人材育成の機能を果たしてきたということになる。

7. む　す　び

　この調査結果の理論的な貢献は，参加的意思決定の効果に新たな視点を加えたことにある。参加的意思決定は「マネジメントが意思決定への影響力を階層的な上司と部下の間で共有する組織のプロセス」（Wagner and Gooding, 1987）と定義されているが，階層的な影響力の共有のあり方として，部下による問題の提起，問題解決策の提示という形での影響力の行使が，人材の育成に効果があるということが新たな発見事実となる。

　実務的な貢献としては，従来の参加的意思決定の研究では，参加の効果は従業員の満足度の向上など，モチベーションへの効果が強く，生産性やパフォーマンスの向上といった業務遂行力への効果は限定的であるというのが，これまでの研究成果から得られた結論であった（Wagner et al., 1997；Saige and Koslowsky, 2000）。しかし，本調査で管理職人材の育成への効果が示されたことで，起案への参加が，不確実性が高く，より複雑で複合的な職務の遂行能力の育成に関係しているということがうかがわれる。

　さらに育成の方針として，社内での管理職育成を目指すことが，起案への参加の効果を高めることが分かった。これは下位の職位による起案に対して，決裁する上司の側も育成面でのアドバイスを心掛けるなど，会社として育成を意識していることが育成の効果を高めているのかもしれない。

　今回の調査では，社員格付け制度，報酬制度と参加の効果の関連性は見いだせなかったが，これには，今回の調査ではこれらの制度に企業間でのはっきりとした違いが見られなかったのがその要因の1つであろう。全体の傾向として，

98 第Ⅱ部 各論：人材の多様化と育成

職能資格制度や，職務遂行能力に基づく報酬制度を持っている会社が多かったため，参加の効果を左右するほどの差異が見られなかったと考えられる。

＜注＞

1) 経済学で所与とされている完全な合理性とは，世の中にある全ての利用可能な情報をもとに，取り得る全ての選択肢を生成し，選択に続いて起こる結果の複合体全体を考慮し，最適な選択ができる価値基準を持つ決定主体を想定している。しかし現実の人間は，その知識の範囲や結果の予測，また取り得る行動の範囲において限界があり，その合理性は限定的である（Simon, 1977; 1997）。

2) 回帰分析において，主な効果を持つ説明変数と被説明変数の間の関係に影響を与える媒介的な効果を持つ変数の影響を確認する際の統計的な手法の1つ。主効果の変数と媒介効果の変数の積によって作られるが，変数間の多重共線性を避けるため，中心化の処理（それぞれ変数の観測値からその変数の平均を引く）を行ってから変数を掛け合わせる処理を施す（Aiken and West, 1991）。

3) 記述統計量（図表4-6）および相関分析表（図表4-7）

図表 4-6　記述統計量

	度数	平均値	標準偏差	最小値	最大値
内資ダミー	134	0.910	0.287	0.000	1.000
製造業ダミー	132	0.508	0.502	0.000	1.000
従業員の平均勤続年数	121	15.851	6.349	3.000	43.200
全従業員数（対数）	132	6.962	1.476	4.174	10.127
創業年数	133	65.609	37.021	5.000	173.000
管理職充足度	125	3.240	0.788	1.000	5.000
参加度（起案）	114	3.041	0.785	1.286	5.000
参加度（決裁）	113	1.705	0.553	1.000	5.000
育成方針－内部育成型 (a:0.715)	127	3.961	0.685	1.750	5.000
育成方針－外部獲得型 (a:0.677)	127	3.913	0.624	2.000	5.000
社員格付け－能力主義 (a:0.808)	129	3.965	1.036	1.000	5.000
社員格付け－職務主義 (a:0.864)	130	3.262	1.488	1.000	5.000
社員格付け－役割主義 (a:0.798)	131	3.698	1.207	1.000	5.000
給与－職務遂行（管理職と一般職の合計）	110	90.445	69.286	0.000	340.000
給与－職務価値（管理職と一般職の合計）	111	50.387	56.625	0.000	220.000
給与－個人業績（管理職と一般職の合計）	110	114.000	72.739	0.000	320.000
給与－チーム業績（管理職と一般職の合計）	110	38.273	37.264	0.000	170.000
給与－会社業績（管理職と一般職の合計）	110	56.127	57.242	0.000	350.000

図表 4-7　相関分析表

	1	2	3	4	5	6	7	8	9	10	11	12	13
1. 管理職未足度													
2. 参加度（起案）	0.251**												
3. 参加度（決裁）	0.143	0.623**											
4. 社員格付－能力主義	0.090	0.076	0.095										
5. 社員格付－職務主義	0.053	-0.095	-0.077	0.044									
6. 社員格付－役割主義	0.023	-0.043	-0.027	0.302**	0.282**								
7. 管理職育成－内部育成型	0.111	0.205*	0.201*	0.173	0.042	0.142							
8. 管理職育成－市場獲得型	0.296**	0.215*	0.161	0.073	0.132	0.140	0.358**						
9. 給与－職務遂行能力	0.078	0.004	0.027	0.165	-0.338**	-0.047	0.041	-0.057					
10. 給与－職務価値	-0.046	-0.020	-0.108	-0.396**	0.020	0.030	-0.183	-0.027	0.213*				
11. 給与－個人業績	-0.192*	-0.049	-0.094	-0.083	-0.034	0.085	-0.209*	-0.023	0.056	0.297**			
12. 給与－チーム業績	0.105	0.001	0.004	-0.009	0.055	0.098	0.093	0.000	0.152	-0.043	0.058		
13. 給与－会社業績	-0.127	0.040	-0.011	0.037	-0.037	-0.042	0.068	0.083	-0.035	0.132	-0.175	0.089	

（注）＊．相関係数は 5％ 水準で有意（両側）。＊＊．相関係数は 1％ 水準で有意（両側）。

＜参考文献＞

Abegglen, J. C. (1958) *The Japanese Factory: Aspects of Its Social Organization*, IL: Free Press. （占部都美監訳『日本の経営』ダイヤモンド社，1958 年。）

Aiken, L. S., West, S. G. and Reno, R. R. (1991) *Multiple regression: Testing and interpreting interactions*, Newbury Park, CA: Sage Publications.

Ansoff, I. H. (1965) *Corporate Strategy*, New York: McGraw-Hill. （広田寿亮訳『企業戦略論』産業能率大学出版部，1969 年。）

Drucker, P. F. (1971) "What we can learn from Japanese management," *Harvard Business Review*, March-April, pp.110-122.

Kono, T. and Clegg, S. (2001) *Trends in Japanese Management: Continuing Strengths, Current Problems and Changing Priorities*, New York: Palgrav

Locke, E. A. and Schweiger, D. M. (1979) "Participation in decision-making: One more look," *Research in Organizational Behavior*, Vol.1, pp.265-339.

Misumi, J. (1984) "Decision-making in Japanese groups and organizations," In Wilpert, B. and Sorge, A. (eds.), *International Perspectives on Organizational Democracy*, New York: Johns Wiley, pp.525-539.

Ouchi, W. (1981) *Theory Z: How American Business Can Meet the Japanese Challenge*, Reading MA: Addison-Wesley Publishing Company. （徳山二郎監訳『セオリー Z　日本に学び，日本を超える』CBS・ソニー出版，1981 年。）

Saige, A. and Koslowsky, M. (2000) *Participation and Empowerment in Organizations: Modeling, Effectiveness and Applications*, Thousand Oaks, CA: Sage Publications.

Simon, H. A. (1977) *The New Science of Management Decision*, Englewood Cliffs, NJ: Prentice Hall. （稲葉元吉・倉井武夫訳『意思決定の科学』産業能率大学出版部，1979 年。）

Simon, H. A. (1979) "Rational Decision Making in Business Organizations," *The American Economic Review*, Vol.69 (4), pp.493-513.

Simon H. A. (1997) *Administrative Behavior: A Study of Decision-Making Processes in Administrative Organizations*, 4th Edition, New York: Free Press. （二村敏子・桑田耕太郎・高尾義明・西脇暢子・高柳美香訳『新版　経営行動』ダイヤモンド社，2009 年。）

Wagner, J. A. and Gooding, R. Z. (1987) "Shared Influence and Organizational Behavior: A Meta-Analysis of Situational Variables Expected To Moderate Participation-Outcome Relations," *Academy of Management Journal*, Vol.30 (3), pp.524-541.

Wagner, J. A., Leana, C. R., Locke, E. A. and Schweiger, D. M. (1997) "Cognitive and Motivational Frameworks in U.S. Research on Participation: A Meta-analysis of Primary Effects," *Journal of Organization Behavior*, Vol.18 (1), pp.49-65.

浅井希和子 (2018)「日本企業の集団的意思決定プロセスの研究―組織論の分析視角と稟議制度―」経営学史学会編『経営学史研究の挑戦―経営学史学会年報第 25 輯―』文眞堂，96-106 頁。

奥西好夫 (2001)「「成果主義」賃金導入の条件」『組織科学』第 34 巻第 3 号，6 頁 -17 頁。

上林憲雄編著 (2013)『変貌する日本的経営―グローバル市場主義の進展と日本企業―』中央経済社。

小池和男編 (1991)『大卒ホワイトカラーの人材開発』東洋経済新報社。

小池和男 (1997)『日本企業の人材形成―不確実性に対処するためのノウハウ―』中公新書。

小池和男・猪木武徳編著（2002）『ホワイトカラーの人材形成—日米英独の比較—』東洋経済新報社。

佐藤　厚（2012）「企業における人材育成の現状と課題」（＜特集＞変化する教育訓練とキャリア形成—社会政策学会第 122 回大会共通論題）『社会政策』第 3 巻第 3 号，9 頁 -24 頁。

中原　淳（2012）『経営学習論—人材育成を科学する—』東京大学出版会。

間　　宏（1971）『日本的経営—集団主義の功罪—』日本経済新聞社。

平野光俊（2006）『日本型人事管理—進化型の発生プロセスと機能性—』中央経済社。

平野光俊（2011）「2009 年の日本の人事部—その役割は変わったのか—」『日本労働研究雑誌』第 606 号，62 頁 -77 頁。

渡辺聰子（2015）『グローバル化の中の日本型経営—ポスト市場主義の挑戦—』同文舘出版。

（浅井希和子）

第5章

働き方改革の現状と未来
―人材の多様化に着目して―

― 本章のねらい

　本章では，昨今のいわゆる「働き方改革」の実態について，働き方改革に関する人事施策（以下，働き方改革施策）をどのように分類すべきかを示し，それぞれの施策群が従業員の働き方，企業の業績等とどのような関係にあるのか，またその施策群がより機能する状況要因は何かという観点から社員格付け制度に着目し，探索的に分析する。

　具体的には，第1に，働き方改革施策を，女性活躍推進，労働時間削減，働き方の柔軟化，労働時間の柔軟化，限定正社員制度，そして既存制度の改革，という6つの施策に類型化する。

　第2に，働き方改革の施策群と女性の管理職比率や売上伸び率といった指標との関連性を示す。働き方や労働時間の見直しと女性従業員の働き方や財務指標との関連性を示すことで，働き方改革が法令順守や社会的要請といった外的圧力によって推進される消極的な側面だけでなく，企業が自発的に働き方改革を推進する意義が示唆される。加えて，社員格付け制度による働き方改革の促進効果や抑制効果を検証し，今後働き方改革が機能するための要件について，特に既存の人事制度との関係性に着目した議論が必要になることを主張する。

愛読者カード

書名

◆ お買上げいただいた日　　　　　年　　　月　　　日頃
◆ お買上げいただいた書店名　　（　　　　　　　　　　　）
◆ よく読まれる新聞・雑誌　　　（　　　　　　　　　　　）
◆ 本書をなにでお知りになりましたか。
　1. 新聞・雑誌の広告・書評で　（紙・誌名　　　　　　　　　　）
　2. 書店で見て　3. 会社・学校のテキスト　4. 人のすすめで
　5. 図書目録を見て　6. その他（　　　　　　　　　　　）

◆ 本書に対するご意見

◆ ご感想
　●内容　　　　　良い　　普通　　不満　　その他（　　　　　）
　●価格　　　　　安い　　普通　　高い　　その他（　　　　　）
　●装丁　　　　　良い　　普通　　悪い　　その他（　　　　　）

◆ どんなテーマの出版をご希望ですか

＜書籍のご注文について＞
直接小社にご注文の方はお電話にてお申し込みください。宅急便の代金着払いにて発送いたします。書籍代金が、税込 1,500 円以上の場合は書籍代と送料 210 円、税込 1,500 円未満の場合はさらに手数料 300 円をあわせて商品到着時に宅配業者へお支払いください。

同文舘出版　営業部　TEL：03 - 3294 - 1801

郵 便 は が き

料金受取人払郵便

神田局
承認
8122

差出有効期間
平成32年1月
31日まで

1 0 1 - 8 7 9 6

5 1 1

（受取人）
東京都千代田区
　神田神保町1－41

同文舘出版株式会社
愛 読 者 係 行

՝լիիՙ՝լՙ՝ՙ՝՝լլՙ՝ՙ՝՝լՙ՝ՙ՝լՙ՝ՙ՝լՙ՝ՙ՝լՙ՝ՙ՝լՙ

毎度ご愛読をいただき厚く御礼申し上げます。お客様より収集させていただいた個人情報
は、出版企画の参考にさせていただきます。厳重に管理し、お客様の承諾を得た範囲を超
えて使用いたしません。

図書目録希望　　有　　　　無

フリガナ			性　別	年　齢
お名前			男・女	才
ご住所	〒			
	TEL 　　（　　　） 　　　　Eメール			
ご職業	1.会社員　　2.団体職員　　3.公務員　　4.自営　　5.自由業　　6.教師　　7.学生 8.主婦　　9.その他（　　　　　　　　　）			
勤務先 分　類	1.建設　2.製造　3.小売　4.銀行・各種金融　5.証券　6.保険　7.不動産　8.運輸・倉庫 9.情報・通信　10.サービス　11.官公庁　12.農林水産　13.その他（　　　　）			
職　種	1.労務　2.人事　3.庶務　4.秘書　5.経理　6.調査　7.企画　8.技術 9.生産管理　10.製造　11.宣伝　12.営業販売　13.その他（　　　　）			

1. は じ め に

（1） 働き方改革を巡る背景

　昨今，大企業を中心に労働時間削減や労働生産性向上を目的としていわゆる
「働き方改革」の取り組みが注目されている。政府の働き方改革への積極的な
動きは，「長時間労働削減」や「多様で柔軟な働き方の実現」を目的とした労
働関連法の改正や，2016 年 6 月に閣議決定された「ニッポン一億総活躍プラン」
における，働き方改革を一億総活躍社会の横断的課題として生産性向上と労働
力の確保を目的と位置付けている動き等から伺える。同年 9 月に発足した「働
き方改革実現会議」においては，その基本的考えとして，「正規，非正規の不
合理な処遇差」「長時間労働」「単線型の日本のキャリアパス」の 3 つの課題を
設定し，これらの是正が女性や高齢者の活躍や労働生産性の観点から重要であ
ると位置づけている。

　このように働き方の見直しが不可欠なレベルにまで広がってきた背景には，
日本のこれまでとってきた正社員を中心とした雇用管理の仕組みにその一因が
あると考えられる。人材ポートフォリオの議論をもとにすれば（平野，2009），
長期雇用を前提に不確実性の高い複雑な業務を，時間・勤務地・職務において
拘束性の高い働き方で応える「いわゆる正社員」（佐藤，2012）の存在が大きい。
彼（女）らは時には時間や場所を問わず高い企業特殊技能（例えば組織内での
仕事の調整や連絡，組織やメンバーの特性を把握し適応していく技能）を発揮
してきた。しかし，総務省の労働力調査における非正規雇用比率の推移（2018
年で 37.8％）等からも明らかなように，そうした従前のような高い拘束性を受
容できる「いつでもどこでもなんでもする」働き手は，もはや主流とはいえな
くなってきている。昨今の労働人口の減少に起因される人手不足，労働観の変
化や働き方の多様化が顕在化した時には，組織都合の高い拘束性を受容できる

人材だけをその中核的な人材と位置付けるのは難しいであろう。このような中，特に法的規制のある大企業を中心として，長時間労働や働き方の柔軟化が喫緊の課題となっている。

（2）　働き方改革の定義と課題

　では，企業の実施する人事施策としての働き方改革とは具体的に何を意味しているのか。働き方改革に関する企業の具体的な施策は多岐に渡る。すでに多くの企業で利用され，耳馴染みもある「ノー残業デー」のようなものから，「残業削減に対する報奨金制度」や，2019年4月に施行された働き方改革関連法でも推奨された「勤務間インターバル制度」といった近年その取り組みが紙面等で紹介されるような目新しい仕組みのものまであり，共通点を見出すのは容易ではない。

　既存研究を眺めると，働き方改革は，狭義には労働時間の制限と働き方の柔軟化を中心とした人事施策を指すが，事業や組織の戦略見直しといった既存のビジネスモデルの見直しや，賃金体系や評価制度の見直しなどを含めた広義の働き方改革もその射程内とされる（松浦, 2017）。しかし，労働時間の制限と働き方の柔軟化を中心とした人事施策という意味では，これまで人的資源管理論等の研究において議論されてきた女性活躍推進，ダイバーシティマネジメント（谷口, 2005），ワークライフバランス（山口, 2009；佐藤・武石, 2014），多様な正社員（久本, 2010；鶴, 2011）と呼ばれている人事施策も本来含まれるはずである。例えば女性活躍推進の研究では，女性従業員が仕事と家庭生活を両立できる支援の仕組みをよく理解することで昇進意欲が高まったり（武石, 2014），女性の就業継続と中長期的キャリア支援が就業上の自信に対し重要であることなどが指摘されている（小泉・朴・平野, 2013）。またワークライフバランス研究でも，多様性，柔軟性，時間の質という3点がその現象を理解する上で重要であることが指摘されている（山口, 2009）。働き方改革が想定する労働時間の制限や働き方の柔軟化は，まさにこうした多様な従業員の時間に制約のある働き方に沿った柔軟な人事施策という側面を持っていることから，その意味にお

いて既存の研究との関連性が予想される。しかし，これらの既存研究においては，各々の研究関心から個別に研究が進められており，それらの施策が示す範囲やその効果が必ずしも明確ではない。

　したがって，本章ではこうした施策も含めた多様な人事施策[1]を「働き方改革施策」と定め，未だその実態が不明瞭なまま議論が展開されてきた様々な人事施策の機能を検証する。具体的には，統計的手法を用いて実証的に類型化し，人事管理に関連し得るパフォーマンス指標との関係性について検討する。

　そうした分析に加え，本章では更に働き方改革の社員格付け制度との関連性も検証する。社員格付け制度とは，従業員の属性を基準にする職能資格制度と職務等級制度に代表される従業員の序列付けのことであり，人事等級制度とも呼ばれる（上林・厨子・森田，2018；平野・江夏，2018）。社員格付け制度は人事管理の基盤システムであり，人事戦略や人材像に込められたメッセージを実際の人事施策の中に浸透させる基本的な仕組みである[2]。このため，多種多様な働き方改革施策という個別施策との関連性を見ることで，サブシステムとしての働き方改革との整合性を検討できる。すなわち，それらがどのような条件下で発揮されるのかを，社員格付け制度の観点から分析することで，既存の人事管理研究との接合を図る。本章ではこうした研究目的を達成するために2つの研究課題（リサーチクエスチョン：RQ）を設定し，これを基に議論する。

　▶RQ1.　働き方改革施策はどのような機能を持つのか
　▶RQ2.　働き方改革施策が有効となる条件とはどのようなものか

---

2. 働き方改革施策の実態と類型

(1) 働き方改革施策の利用状況（記述統計）

日本における働き方改革に関する人事施策は多岐に渡り，どのように分類され得るのかは不透明なままである。だが，こうした状況のままでは企業の人事部が意図した通りの結果をもたらさない可能性もあり，「働き方改革」が意味する範囲が不明瞭で分析対象も定まらない。そこでまず，各施策にはどのような特徴があるのか，あるいは類似の施策にはどのようなものがあり得るのかという問題に対応するために，働き方改革に関する人事施策を既存調査や文献等を基に抽出し，全28施策を設定した[3]。

ただ，この28項目ある働き方改革施策の内実は複雑かつ多様である。女性活躍推進に関する教育・配置や，育児・介護等への対応，労働時間削減，有給休暇の取得率向上，裁量労働制や非正規の正社員登用等，施策の内容にも大きな違いがあるが，更にその導入状況が企業によって相当に異なることが予想される。この点において，人事管理の研究では，個々の施策そのものに着目するよりも，むしろ人事施策を束として取り扱う動きがある（Huselid, 1995: MacDuffie, 1995）[4]。このため，まずは施策の類型化を図るために各制度の普及状況，具体的には制度の導入有無の割合について観察した（図表5-1）。

各施策の導入率を見れば，正社員登用制度のように9割近くの企業が導入しているものから，導入率が低い施策までバラつきがあることが分かる。中でも，正社員登用制度や有給休暇の取得率向上のための取り組み，育児休業者の職場復帰支援等は多くの企業で導入されていることが確認できる。一方，勤務間インターバル制度や働き方改革へのインセンティブ(残業削減に対する報奨金等)の施策導入率は20％程度に留まっており，広く普及している制度ではないことがわかる。各人事施策の導入には，様々な状況要因（例えば企業規模や業種等）が関わると考えられるため単純に導入率の高低について評価することは難

第 5 章　働き方改革の現状と未来　107

図表 5-1　働きやすさ・働きがいに関する人事施策導入率（Ⅳ-Q4）

（単位：％）

正社員登用制度	88.5	フレックスタイム制	57.1
有給休暇取得率向上	86.7	勤務地限定正社員制度	48.0
育児職場復帰支援	83.3	女性キャリア教育	45.8
男性育児休暇取得推進	81.7	みなし勤務	42.5
ノー残業デー	80.6	メンター指名	41.2
労働時間短縮目標	78.9	育児介護支援制度	41.0
職務範囲見直し策	78.0	女性専門部署	37.1
WLB 実現のための時間管理	74.4	短時間正社員制度	36.4
法定超の育児休業制度	72.9	テレワーク	28.8
女性職域拡大	71.5	職種限定正社員制度	26.1
変形労働時間制	67.7	裁量労働制	26.1
部下人数見直し・組織再編	67.2	モバイル勤務	25.8
女性教育的配置転換	61.2	勤務間インターバル	20.0
多様な働き方に対応した評価・昇進	59.0	インセンティブ（残業削減に対する報奨金等）	18.4

しいが，中でも導入率が高いものは，多くの企業が共通して直面している問題
への対応策であると解釈できる。

（2）　働き方改革の類型化（探索的因子分析）

　ではこうした多様な人事施策は，どのような共通点や相違点がありどう分類
できるのか。RQ1 に基づき，働き方改革施策の機能を明らかにするため 28 種
ある働き方改革施策について，探索的因子分析[5]を行い類型化を試みた。各因
子に属する質問項目は，6 つの選択肢から構成されている。各項目の施策を
「0. 導入していない」か，導入している場合には，「1. ほとんど利用されていな
い」「2. あまり利用されていない」「3. どちらともいえない」「4. ある程度利用
されている」「5. よく利用されている」の 5 項目から選択するものである。
　分析の結果，20 の質問項目から計 6 つの因子が抽出された（図表 5-2）。こ
のため，各因子の内容について吟味し，その特徴に基づいて名前を付ける作業
を行った。第 1 因子は，女性というキーワードが頻出することから，「女性活

躍推進」，第2因子は残業削減目標の設定や有給休暇取得の推進，ノー残業デーの実施等，総労働時間を見直す施策であることから「労働時間削減」，第3因子は労働時間の量ではなく，個人の家庭事情に対応した勤務形態や勤務場所の選択肢拡大を意味することから「働き方の柔軟化（個人）」，第4因子は業務上の繁閑等の事情に対応する組織側の都合による仕組みで，労働基準法第38条

図表5-2　働き方改革施策の類型化（探索的因子分析結果）

	因子1 女性活躍 推進	因子2 労働時間 削減	因子3 働き方の 柔軟化 （個人）	因子4 労働時間 の柔軟化 （組織）	因子5 限定 正社員 制度	因子6 既存制度 の改革
女性育児休業制度	.741	-.029	-.052	.042	.104	.012
女性キャリア教育	.705	-.008	-.017	.010	-.074	.027
女性職場復帰支援	.678	.026	-.061	-.192	.019	.096
女性専門部署	.617	.014	-.042	.117	.028	-.017
男性育児休暇取得推進	.548	.096	.063	-.012	.100	-.110
女性配置転換	.531	.056	.183	-.031	-.050	.203
労働時間短縮	-.012	.916	.094	-.171	.058	-.053
職務範囲見直し	.081	.664	-.141	.137	.024	.183
有給休暇取得	.123	.546	.038	.099	-.189	.068
ノー残業デー	.310	.541	.039	-.002	.038	-.290
モバイル勤務	-.091	.084	1.003	.007	.076	.112
フレックスタイム制	.144	-.058	.500	.155	-.170	-.088
みなし勤務	-.204	-.034	.163	.681	.124	-.051
裁量労働制	.190	-.098	.078	.568	-.029	-.124
メンター指名	.265	-.030	-.069	.515	.024	.070
変形労働時間制	-.252	.213	-.107	.410	-.053	.185
職種限定正社員制度	.012	-.062	.009	.021	1.005	-.010
勤務地限定正社員制度	.138	.070	-.051	.079	.529	.092
部下人数見直し・組織 再編	-.089	.053	-.016	-.024	.082	.770
多様な働き方に対応し た評価・昇進	.191	-.111	.105	-.029	-.034	.707
最尤法，プロマックス回転						

第5章 働き方改革の現状と未来　109

におけるみなし時間制に関連することから「労働時間の柔軟化（組織）」、第5因子は職種や勤務地に限定性のある正社員制度であることから「限定正社員制度」、第6因子は人事評価制度や賃金制度などの既存の人事制度を、働き方改革の趣旨に合わせて変更していく仕組みを意味する群であることから「既存制度の改革」と名付けた。

　因子分析の結果を踏まえ、これらの質問項目を6つのまとまりに整理し、単純加算平均することで合成変数を作成し、平均値および標準偏差を算出した。これらは理論上、各項目を1つも導入していない場合は0、全ての施策がよく利用されている場合には5点をつけるような尺度である。尚、平均値、標準偏差およびクロンバックのaの値[6]は図表5-3の通りである。

　各施策群の平均値をみると、特に労働時間削減については、他の施策群に比べて導入・利用の程度が高くなっている。次いで女性活躍推進、既存制度の改革の順となる。限定正社員制度は労働契約法の改正の影響により今後の増加も予想されるが、現段階では広く普及しているとはいえないようである。

図表5-3　働き方改革施策群の記述統計量と信頼性

	度数	最小値	最大値	平均値	標準偏差	a
1. 女性活躍推進	112	0.00	4.83	2.165	1.339	.822
2. 労働時間削減	119	0.00	5.00	2.798	1.319	.810
3. 働き方の柔軟化（個人）	118	0.00	5.00	1.441	1.603	.684
4. 労働時間の柔軟化（組織）	113	0.00	4.75	1.531	1.270	.604
5. 限定正社員制度	115	0.00	5.00	1.239	1.589	.711
6. 既存制度の改革	119	0.00	5.00	1.945	1.507	.693

3. 働き方改革施策とパフォーマンス

（1） 働き方改革施策とパフォーマンス指標の関係性（相関分析）

　ここでは，前節で検討した働き方改革施策の類型化の結果をもとに，これらの施策群の効果に関しての検証を行う。これらの施策の利用程度が様々な方面に及ぼす影響を検証する。

　具体的には，これらの働き方改革施策群が直接的に影響するものとして，財務的指標，労働力の需給に関する指標，女性の労働力に関する指標を設定した。そもそも，先行研究から類推すれば，6つの施策群の実施の程度によりすぐさま財務指標に対しポジティブな影響があるとは必ずしも想定されない。これは人事管理（あるいはその組み合わせ）が業績を説明する論理には距離がある（守島，2010）と指摘されることからも理解できる。両者に因果関係は存在すると仮定されていても，それは例えば従業員の能力やモチベーション，機会があるかどうかといった要素（すなわち組織行動）を媒介させることによる論理で人事管理と（とりわけ財務的な）パフォーマンスとの間の因果関係を説明することが多い（例えば Appelbaum, et al., 2000）。

　しかし，一方で働き方改革が労使ともに必要とされる社会的背景を踏まえると，その効果を何らかの形で示すことも重要である。特に，女性活躍推進法による成果目標の設定義務から女性の管理職比率も実務上の重要なベンチマークとなる。このため本章では女性従業員の活躍，優秀な人材のリテンションマネジメントといった観点も含め，こうした指標との関連性を探索的に検討することとする。

　具体的に用いる指標は，以下の通りである。売上高総利益率（営業利益／総売上高），売上伸び率（2014 年度を 100 とした時の 2016 年度売上），時間当たりの労働生産性（同業他社比，1. 低い〜5. 高いの5段階），平均残業時間（総

合職非管理職の月平均），残業時間増減見込（対 2016 年比，1. 20％以上減，2. 20％減，3. 10％減，4. 同程度，5. 10％増，6. 20％増，7. 20％以上増），正社員の平均勤続年数，正社員の人員充足度（1. 全く足りない～5. 大いに余っているの5段階），女性従業員比率，女性管理職比率の計9項目である。

　尚，本分析では，前節で作成した6つの働き方改革施策群を引き続き使用する[7]。また，主として次項で使用する社員格付け制度については，非管理職の「その人の能力・スキル（職務遂行能力）について等級が定められている」「同じ職務であっても担当する人物の能力や経験により等級が異なる場合がある」の2項目からなる平均値を職能資格制度とし，職務等級制度も同様に「担当する仕事（職務）の価値に基づいて等級が定められている」「特定の職務の賃金は市場相場に応じて適宜見直されている」の2項目の平均値からなる合成変数である。

　以上を踏まえ6つの働き方改革施策と，9つのパフォーマンス指標の単相関係数を算出した。相関表は以下の通りである（図表5-4）。この表をみると，1〜8の働き方改革施策及び社員格付け制度と，9〜17のパフォーマンス指標との2変数関係が確認できる。例えば，女性活躍推進は，売上高総利益率と正の弱相関があり，伸び率とは負の弱相関がある。相関係数表から読み取れる主要な関係（ただし，いずれも弱相関）は，以下の通りである。

　✓女性活躍推進は，売上高総利益率と正，売上伸び率とは負の関係にある。
　✓労働時間削減は，売上伸び率と負，残業時間増減見込みと負，人員充足度と正の関係にある。
　✓働き方の柔軟化は，売上伸び率と負，平均残業時間と負，女性管理職比率と正の関係にある。
　✓限定正社員制度は，女性従業員比率および女性管理職比率と正の関係にある。
　✓既存制度の改革は，時間当たり労働生産性と正の関係にある。

図表 5-4 働き方改革とパフォーマンス指標の相関分析

相関分析	1	2	3	4	5	6	7	8	9	10	11	12	13	14	15	16
1 女性活躍推進																
2 労働時間削減	.593***															
3 働き方の柔軟化（個人）	.304**	.207*														
4 労働時間の柔軟化（組織）	.250**	.198*	.305***													
5 限定正社員制度	.270**	.229*	.023	.201*												
6 既存制度の改革	.253***	.314***	.059	.131	.240*											
7 職能資格制度（非管理職）	.164†	.105	-.088	-.012	-.017	.084										
8 職務等級制度（非管理職）	.101	.175†	-.073	-.049	-.120	.151	.027									
9 売上高総利益率	.217*	.133	-.133	.127	.100	.184†	-.008	-.013								
10 売上伸び率	-.278**	-.190*	-.188*	-.113	.158	-.051	-.260**	.012	.127							
11 時間当り労働生産性	.144	-.021	-.025	.074	-.002	.242***	.066	.130	.060	-.107						
12 平均残業時間	-.101	-.029	-.198*	-.073	-.056	-.032	-.144	.140	-.081	.227*	-.096					
13 残業時間増減見込	-.165	-.240**	.110	-.119	-.038	-.128	-.031	.092	-.132	.013	.152†	-.023				
14 平均勤続年数	.132	.173	.029	-.052	.035	.145	.080	-.109	-.039	-.231*	.157†	-.187*	-.103			
15 人員未足度（正社員）	.126	.180*	.133	.155	.008	.084	-.040	-.076	.141	-.044	.010	-.156†	-.052	.109		
16 女性従業員比率	-.001	-.033	-.118	.067	.310***	-.021	-.288**	.134	.069	.145	-.026	-.137	-.106	-.059	.003	
17 女性管理職比率	.091	-.051	.226*	.095	.293***	-.012	-.357***	.144	.067	.223*	-.044	-.068	.038	-.052	.083	.556***

(注) †：$p < .10$，*：$p < .05$，**：$p < .01$，***：$p < .001$

（2） 働き方改革施策の機能要件（重回帰分析）

　次に，RQ2 に関して検証するために，働き方改革と社員格付け制度がパフォーマンス指標に及ぼす影響について分析した。前節の相関分析では単純な2変数関係を捉えたが，実際の人事施策やパフォーマンスは業種や企業規模等の企業が置かれた状況に依存すると考えられる。そこで，統制変数として，外資ダミー，全従業員数（対数），製造業ダミー，といった，働き方改革施策やパフォーマンス指標に影響があると考えられるものを設定し，6つの働き方改革施策と社員格付け制度を独立変数，9つのパフォーマンス指標を従属変数とする通常最小二乗法による重回帰分析を行った（図表5-5，5-7，5-9の各モデル1)[8]。加えて，社員格付け制度との交互作用効果についても検証した（図表5-5，5-7，5-9のモデル2以降）。尚，紙面の都合上，従属変数との関係性を確認できなかった分析結果については省略している。重回帰分析の結果を要約すると，以下の通りである。

✓女性活躍推進施策は，売上伸び率と負の関係にある。

✓労働時間削減施策は，女性管理職比率と負の関係にある。

✓働き方の柔軟化（個人）は，女性管理職比率と正の関係にある。

✓限定正社員制度は，女性管理職比率，女性従業員比率，売上伸び率と正の関係にある。

✓職能資格制度が弱いとき，働き方の柔軟化（個人）が女性管理職比率を高める効果が促進される（交互作用効果1）。

✓職能資格制度が強いとき，労働時間の柔軟化が女性従業員比率を高める効果が促進される（交互作用効果2）。

✓職能資格制度が弱いとき，限定正社員制度が売上伸び率を高める効果が促進される（交互作用効果3）。

　働き方改革と社員格付け制度を独立変数（原因），女性管理職比率を従属変数（結果）とした重回帰分析の結果が図表5-5である。モデル1を見ると，働

図表 5-5　働き方改革と女性管理職比率の重回帰分析

従属変数：女性管理職比率 独立変数	Model 1	Model 2	Model 3	Model 4	Model 5	Model 6	Model 7
外資ダミー	-0.028	-0.032	-0.033	-0.046	-0.017	-0.021	-0.026
全従業員数（対数）	-0.136	-0.150	-0.148	-0.153	-0.145	-0.102	-0.096
製造業ダミー	-0.269**	-0.250**	-0.255**	-0.257**	-0.306**	-0.293**	-0.271**
人員充足度（正社員）	0.181*	0.176†	0.181*	0.186*	0.195*	0.185*	0.180*
女性活躍推進	0.179	0.200†	0.175	0.145	0.164	0.177	0.151
労働時間の削減	-0.237*	-0.218*	-0.192†	-0.256*	-0.222*	-0.229*	-0.242*
働き方の柔軟化（個人）	0.315**	0.313**	0.327**	0.305**	0.332**	0.290**	0.295**
労働時間の柔軟化（組織）	0.042	0.037	0.043	0.017	0.082	0.047	0.051
限定正社員制度	0.351***	0.349***	0.348***	0.331***	0.345***	0.324***	0.362***
既存制度の改革	-0.140	-0.147	-0.156	-0.122	-0.141	-0.134	-0.105
職能資格制度（非管理職）	-0.299**	-0.299**	-0.277**	-0.291**	-0.318***	-0.292**	-0.289**
職務等級制度（非管理職）	0.200*	0.197*	0.186†	0.156†	0.207*	0.203*	0.223*
女性活躍推進×職能資格制度		0.048					
女性活躍推進×職務等級制度		-0.116					
労働時間の削減×職能資格制度			0.105				
労働時間の削減×職務等級制度			-0.053				
働き方の柔軟化（個人）×職能資格制度				-0.206*			
働き方の柔軟化（個人）×職務等級制度				-0.047			
労働時間の柔軟化（組織）×職能資格制度					0.158†		
労働時間の柔軟化（組織）×職務等級制度					0.004		
限定正社員×職能資格制度							-0.082

第 5 章　働き方改革の現状と未来　115

限定正社員×職務等級制度						-0.035	
既存制度改革×職能資格制度							-0.056
既存制度改革×職務等級制度							-0.087
調整済み R^2	0.367	0.369	0.365	0.391	0.375	0.359	0.363
△R^2		0.015	0.012	0.034	0.020	0.007	0.010
F 値	5.451***	4.844***	4.785***	5.224***	4.944***	4.686***	4.740***
F 値（変化分）		1.111	0.886	2.574†	1.496	0.501	0.710

(注)　†：p＜.10,　＊：p＜.05,　＊＊：p＜.01,　＊＊＊：p＜.001

図表 5-6　働き方の柔軟化と職能資格制度

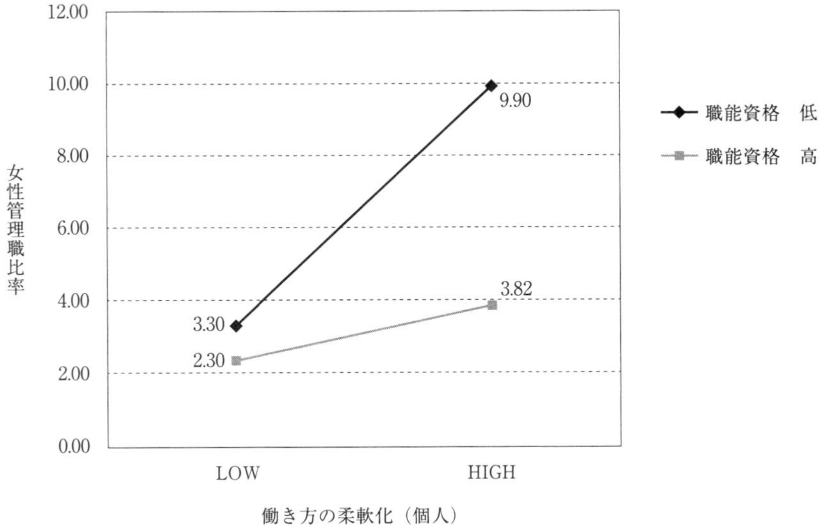

図表 5-7 働き方改革と女性従業員比率の重回帰分析

従属変数：女性従業員比率 独立変数	Model 1	Model 2	Model 3	Model 4	Model 5	Model 6	Model 7
外資ダミー	0.053	0.047	0.046	0.039	0.121	0.036	0.046
全従業員数（対数）	0.075	0.069	0.078	0.067	0.043	0.038	0.049
製造業ダミー	-0.174	-0.164	-0.188	-0.171	-0.225*	-0.173	-0.177
人員充足度（正社員）	0.080	0.076	0.079	0.074	0.085	0.086	0.080
女性活躍推進	0.022	0.027	0.026	0.009	0.014	0.016	0.033
労働時間の削減	-0.140	-0.132	-0.167	-0.133	-0.114	-0.102	-0.141
働き方の柔軟化（個人）	-0.116	-0.097	-0.110	-0.122	-0.099	-0.092	-0.109
労働時間の柔軟化（組織）	0.080	0.074	0.082	0.061	0.140	0.049	0.090
限定正社員制度	0.392***	0.390***	0.383**	0.380**	0.365**	0.400**	0.389**
既存制度の改革	-0.086	-0.091	-0.078	-0.065	-0.055	-0.071	-0.098
職能資格制度（非管理職）	-0.195†	-0.173	-0.209†	-0.172	-0.242*	-0.179†	-0.185†
職務等級制度（非管理職）	0.127	0.131	0.121	0.092	0.143	0.087	0.110
女性活躍推進×職能資格制度		0.076					
女性活躍推進×職務等級制度		-0.036					
労働時間の削減×職能資格制度			-0.024				
労働時間の削減×職務等級制度			0.057				
働き方の柔軟化（個人）×職能資格制度				-0.076			
働き方の柔軟化（個人）×職務等級制度				0.089			
労働時間の柔軟化（組織）×職能資格制度					0.236*		
労働時間の柔軟化（組織）×職務等級制度					-0.174†		
限定正社員×職能資格制度						0.125	

第 5 章 働き方改革の現状と未来　117

限定正社員 × 職務等級制度					0.059
既存制度改革 × 職能資格制度				−0.183 †	−0.005
既存制度改革 × 職務等級制度					0.100
調整済み R²	0.120	0.105	0.101	0.113	0.169	0.138	0.002
△ R²		0.006	0.003	0.013	0.061	0.034	1.733 †
F 値	2.045*	1.769 †	1.738 †	1.837*	2.336**	2.049*	0.126
F 値（変化分）		0.320	0.152	0.687	3.360*	1.820	

（注）†：p＜.10，*：p＜.05，**：p＜.01，***：p＜.001

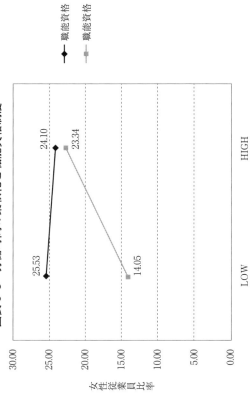

図表 5-8　労働時間の柔軟化と職能資格制度

図表5-9 働き方改革と売上伸び率の重回帰分析

従属変数：売上伸び率 独立変数	Model 1	Model 2	Model 3	Model 4	Model 5	Model 6	Model 7
外資ダミー	0.111	0.104	0.097	0.121	0.139	0.154	0.110
全従業員数（対数）	0.141	0.137	0.128	0.143	0.128	0.319*	0.161
製造業ダミー	-0.082	-0.070	-0.079	-0.082	-0.094	-0.189†	-0.094
人員充足度（正社員）	0.000	-0.004	-0.002	0.010	-0.002	0.010	0.000
女性活躍推進	-0.366**	-0.364**	-0.370**	-0.363**	-0.363**	-0.363**	-0.390**
労働時間の削減	-0.113	-0.109	-0.081	-0.133	-0.104	-0.117	-0.130
働き方の柔軟化（個人）	-0.162	-0.124	-0.136	-0.160	-0.159	-0.289**	-0.179
労働時間の柔軟化（組織）	0.043	0.036	0.050	0.054	0.057	0.085	0.079
限定正社員制度	0.308**	0.306**	0.291*	0.312**	0.295*	0.183†	0.319**
既存制度の改革	-0.001	-0.009	-0.017	-0.016	0.017	0.018	0.031
職能資格制度（非管理職）	-0.190†	-0.148	-0.173	-0.215*	-0.208†	-0.175†	-0.155
職務等級制度（非管理職）	0.152	0.163	0.124	0.175	0.157	0.200*	0.164
女性活躍推進×職能資格制度		0.130					
女性活躍推進×職務等級制度		-0.036					
労働時間の削減×職能資格制度			0.129				
労働時間の削減×職務等級制度			-0.004				
働き方の柔軟化（個人）×職能資格制度				0.000			
働き方の柔軟化（個人）×職務等級制度				-0.124			
労働時間の柔軟化（組織）×職能資格制度					0.069		
労働時間の柔軟化（組織）×職務等級制度					-0.093		
限定正社員×職能資格制度						-0.459***	

第5章 働き方改革の現状と未来　119

限定正社員×職務等級制度							0.014
既存制度改革×職能資格制度					0.019	0.165	
既存制度改革×職務等級制度							-0.144
調整済み R^2	0.168	0.164	0.163	0.294	0.157	0.333	0.016
△R^2		0.015	0.014	0.014	0.010	0.158	
F値	2.498**	2.248*	2.234*	2.229*	2.188*	4.173***	2.255*
F値（変化分）		0.818	0.748	0.721	0.513	10.517***	0.016

(注) †：p＜.10，*：p＜.05，**：p＜.01，***：p＜.001

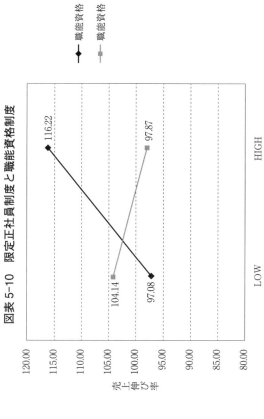

図表5-10　限定正社員制度と職能資格制度

120　第Ⅱ部　各論：人材の多様化と育成

き方の柔軟化，限定正社員制度および職務等級制度と女性管理職比率との関係
は正であり，これらが高くなるほど女性管理職比率が高くなる傾向にある。一
方，労働時間の削減と職能資格制度は負で有意であり，両施策が利用されてい
るほど，女性管理職比率が低くなる傾向がある。また，働き方の柔軟化と職能
資格制度の交互作用項（両変数を乗算した合成変数）は負で有意であり，これ
を図示したものが図表 5-6 である。図表 5-6 の交互作用効果を確認すると，職
能資格制度が強い場合より弱い場合に働き方の柔軟化は女性管理職比率をより
高める（傾きが大きくなる）ことが分かる。つまり，職能資格制度は働き方の
柔軟化が持つ女性管理職比率向上効果を抑制することが確認された。

　次に，従属変数（結果変数）を女性従業員比率に変更した同様の分析結果が
図表 5-7 である。モデル 1 を見ると，限定正社員制度が利用されているほど女
性比率が高くなる傾向にある。また，労働時間の柔軟化と職能資格制度の交互
作用項（両変数を乗算した合成変数）は正で有意であり，これを図示したもの
が図表 5-8 である。図表 5-8 を見ると，職能資格制度が強いときに，労働時間
の柔軟化は女性従業員比率をより高めることが確認できる。つまり，職能資格
制度は，労働時間柔軟化の女性従業員比率上昇効果を促進することが明らかに
なった。

　最後に，従属変数（結果変数）を売上伸び率に変更した場合の分析結果が図
表 5-9 である。モデル 1 を見ると，女性活躍推進と売上伸び率は負の関係があ
り，限定正社員制度が利用されているほど売上伸び率が高まる傾向がある。ま
た，限定正社員制度と職能資格制度の交互作用項（両変数を乗算した合成変数）
は負で有意であり，これを図示したものが図表 5-10 である。図表 5-10 によれ
ば，職能資格制度が弱いときに，限定正社員制度が売上伸び率を上昇させるこ
とが確認できる。逆に職能資格制度が強い時には，限定正社員制度は売上伸び
率を低下させる可能性すらあるようである。

4. 考察と展望

（1） 働き方改革の実際と類型

本章ではここまで２つのリサーチクエスチョンに基づき，働き方改革施策の機能と条件を探索的に検討してきた。まず，既存研究を踏まえ設定した働き方改革の施策群の導入状況を見ると，施策により導入率が異なっていた。中でも正社員登用制度は９割近くの企業が導入済みであり，非正社員から正社員というキャリアは多くの企業で見られる可能性がある。また，労働時間の短縮目標や育児休業者の職場復帰支援等は比較的実施しやすい施策と評価されていることも伺える。一方，労働時間の削減を目的としたインセンティブ設計や勤務間インターバル制度は導入率が低く，施策の実施に際し準備が整っていない，あるいは導入の予定がない企業も多いのかもしれない。

また，探索的因子分析を用いて統計解析した結果，６つの束が確認された。①女性活躍推進，②労働時間削減，③働き方の柔軟化（個人），④労働時間の柔軟化（組織），⑤限定正社員制度，⑥既存制度の改革である。①女性活躍推進には女性の管理職比率向上や職域拡大を目的としたものと，仕事と家庭の両立支援といった就業継続を目的とした項目を含んでいる。実際の項目には男性の育児休業取得支援も含まれ，女性に限った施策とは限らないが，やはり労働時間削減等とは区別される施策と考えられる。②労働時間削減については，ノー残業デーの実施や残業時間の目標設定とした働き方改革の主要な施策であり，長時間労働是正を目的としている施策群であり，いわば働き方改革の主目的に合致した施策であろう。③働き方の柔軟化（個人）は，モバイル勤務のように勤務場所の拘束性を緩める制度や一日の労働時間を柔軟に調整できるフレックスタイム制度を含む。企業側の要請というよりは，子育て中である等の従業員側の事情に柔軟に対処する仕組みであるといえよう。④労働時間の柔軟

化（組織）は③に似ているが，みなし勤務，裁量労働，変形労働は従業員が担う業務上の特徴（繁閑や職務内容等）にあわせて労働時間を調整するものである。つまり，③の個人側の事情とは異なる目的で導入される労働の時間帯の柔軟化施策といえる。⑤限定正社員制度は，従来の「いわゆる正社員」（活用業務無限定，配属先の事業所・勤務地無限定，残業がある，フルタイム勤務を満たす正社員）とは異なり，いずれかの拘束性を緩めた（限定した）働き方を意味し，多様な正社員制度とも呼ばれる。具体的には，職種限定，労働時間限定（短時間勤務，フルタイム勤務だが残業無し），勤務地限定などからなる（久本，2010；鶴，2011）。特に2018年以降，労働契約法の改正により非正社員の無期雇用化が予想されているが，そうした背景から多くの企業で導入されている正社員登用制度とも関連のある施策である。最後に，⑥既存制度の改革については，労働時間削減を目的に人員配置や評価制度，昇進基準などを見直す施策を指す。実際には採用や配置，賃金や退職管理等，労働時間削減や多様な人材を管理することを目的に行われる広範な人事管理全般を含む。働き方改革施策特有の仕組みというよりは，この目的の下に実施される全ての人事管理施策を意味するものである。

（2） 働き方改革とパフォーマンス

パフォーマンスとの関係性では，まず働き方改革施策群との相関関係を検討した。一貫した結果は確認できなかったが，弱相関ではあるものの働き方改革とパフォーマンス指標には関係性があることも示唆された。例えば女性活躍推進と売上伸び率の関係は，負の関係にあることが確認できる。因果の方向性はわからないが，女性活躍推進が売上にネガティブな影響を与えるか，もしくは売上に伸び悩んでいる企業ほど，女性活躍推進を実施する傾向にあるといえる。この女性活躍の意義を企業の社会的責任とみなす場合には，財務業績に悪影響を与えるとしてもやむを得ない結果といえるが，売上高総利益率とは正の関係があることから財務的指標との関係には必ずしも一貫性がない。したがって，女性活躍推進が直接的に財務業績に結び付くとは本分析結果からは直ちにいえ

ないであろう。労働時間削減は，売上伸び率と負の相関がある一方，残業時間の増減見込と負の関係があり，人員充足に対し正の関係である。売上のようなパフォーマンスには直結しないものの，目的通り残業時間を抑制する効果と，従業員の定着を促す可能性がある。また，働き方の柔軟化（個人）は女性管理職比率と正であるため，柔軟な働き方の実現は昇進とも関連する可能性がある。限定正社員制度は後述の交互作用効果も見られるが，相関分析においても女性の従業員比率と管理職比率と正の関係にある。例えば転居を伴う転勤や職務内容の変更ができない働き方が女性のワークライフバランスの観点から適合的であると解釈できる。最後に，既存の人事制度の見直しは労働生産性向上の観点から期待できそうであるが，本分析ではその具体的な制度見直しの内容までは分からないため，あらためて詳細な検討が必要になるであろう。

　パフォーマンス指標を3つに絞り従属変数とした重回帰分析では，女性管理職比率に対して働き方の柔軟化（個人）と限定正社員制度は正の効果を，労働時間の削減は負の効果を持つことが確認された。正の効果を持つ2つの施策群は女性が就業継続する場合に必要なワークライフバランスを実現する施策と考えられるが，労働時間に制約がある場合には昇進プロセスにおいて不利になる可能性もある。つまり，労働時間削減施策の逆機能を示唆するものである。労働時間の削減は心身の健康や法令順守の観点から昨今社会的に強く要請されている問題であるが，労働時間が削減されることのみが重視されれば，どこかにそのしわ寄せが現れる可能性がある。推測の域をでないものの，昇進に際し長時間労働が必要ならば女性の管理職登用にブレーキがかかる可能性があることが示唆される。

　同様に，女性従業員比率を従属変数とした場合には限定正社員が正の効果を持つ。売上伸び率を従属変数にした場合には，女性活躍推進が負の効果を，限定正社員制度は正の効果を持つことが確認されている。

（3）　働き方改革の社員格付け制度との関連性

　最後に，重回帰分析の中で社員格付け制度との交互作用効果を検証した。交

互作用効果は，シナジー効果や相乗効果などともいわれ，単独効果の和よりも複数の組み合わせによる効果が大きくなるような効果をいう。本分析の中では3つの交互作用効果が見られた（図表5-6, 5-8, 5-10）。

　はじめに，働き方の柔軟化と職能資格制度には負の交互作用効果が見られた（図表5-6）。したがって，職能資格制度が弱いほど，働き方の柔軟化が女性管理職比率を高める効果がある。また，同様に図表5-10の分析においても職能資格制度が弱い場合に限定正社員制度が売上伸び率を高める。一方，逆に2つ目の分析においては職能資格制度が強い場合に労働時間の柔軟化が女性従業員比率を高める（図表5-8）。

　職能資格制度は，従業員の職務遂行能力を基準に序列付けが行われる社員格付け制度である。職務内容を序列の基準とする職務等級制度と異なり，職能資格制度は従業員の能力を評価するため，職務範囲が不明瞭になるといわれる。このため，高い拘束性を持った働き方になりやすく，能力を評価する際に長時間労働を是としてしまう可能性があることが指摘されている。こうした場合には，働き方の柔軟化や限定正社員制度を利用した働き方が，昇進を前提とした就業継続を難しくする。もし職能資格制度が，いつでもどこでもなんでもやるような「いわゆる正社員」の能力を評価するものであれば，労働時間や勤務地に限定性がある働き方をする従業員を高く評価することは難しいのかもしれない[9]。

5. む　す　び

　企業と従業員の双方が働き方改革を望む時代においては，これに関連する人事施策の実行は重要であろう。とはいえ，働き方改革やこれに関連する人事施策の名称や方法は実に多様であり，特に新しい人事施策に関しては，その効果が不透明ならば及び腰になる企業も多々あると考えられる。こうした中で，本章での分析結果は，一連の働き方改革施策の分類と効果について，いくつかの

知見が得られた。

1つには，一連の働き方改革の施策を，目的や効果によっていくつかの束として捉えることである。女性活躍推進のように目的が明確なもの，あるいは労働時間の是正に関連するもの等，いくつかに分類できる。一言に働き方改革といってもその内実は多様であるからこそ，当然ではあるが目的に合わせた施策の選択が重要となる。

ただし，その効果は必ずしも意図通りとはいかない部分もあり，施策の実行を難しくしている。例えば，女性活躍推進は女性管理職比率や女性従業員比率を必ずしも高めない。このような結果からは，人事制度が持つ意図せざる逆機能（平野，2015）の可能性も示唆される[10]。勿論本分析で使用したデータは，ある一時点での状況に過ぎず，厳密には因果関係の検証ではない。しかし，人事施策が意図通りに効果を発揮していない可能性が示唆されたことは，人事管理と従業員の行動や態度との間にあるメカニズムが極めて複雑なものであるという根本的な課題を顕在化させるものかもしれない。

最後に，働き方改革施策群の中には，働き方の柔軟化や限定正社員制度のように女性管理職比率を向上させる効果が見られるものや，逆に女性活躍推進のように，財務パフォーマンスに対して負の影響が示唆される部分もある。企業ごとに労働環境の内実は異なるため，その改善方法も多様であると考えられる。企業が従業員の働き方を見直す際の指針として，勤務地や勤務時間，仕事内容等に制限をつける仕組みを運用することは働き方改革の趣旨からして適合的であると考えられるが，その際には社員格付け制度との組み合わせにも留意する必要がある。

そもそも，企業や従業員にとっての理想的な働き方とはどのようなものかが不明確であったり，仮に明確だったとしても新たに導入しようとする人事施策が，（基本システムとしての社員格付け制度のような）既存の人事施策と不整合であれば，意図通りのパフォーマンスは得られないはずである。この点についての詳細は本書の他の章も参考になるが（例えば，第2章の人事ポリシー），いずれにしても働き方改革施策というものは，働き方改革施策同士での整合性や他の人事制度との関連性を踏まえた上で設計されるべきであろう。

126　第Ⅱ部　各論：人材の多様化と育成

<注>

1) 但し，賃金制度・人事評価制度といった従前の人事機能は，紙面制約や統計解析上，必要最小限に留めて扱うこととする。
2) 社員格付け制度（人事等級制度）は，いわば PC（パーソナルコンピュータ）でいうところの OS（オペレーティングシステム）に相当するものであると今野・佐藤（2009）は指摘する。また，これを引用して平野・江夏（2018）も同様の解釈をしている。
3) 具体的には小泉・朴・平野（2013）や松浦（2017）で扱われた人事施策をベースにし，企業でのヒアリングやメディアで紹介されている情報等を総合して策定した。
4) 例えば Huselid（1995）は人事施策間の内的一貫性（人事施策間の適合）が，従業員の離職を減らし，生産性を増大し，財務業績の増大に貢献していることを示している。
5) 探索的因子分析は，多くの観測変数間に見られる複雑な相関関係がいくつの，どのような内容の因子を導入すれば説明できるかを調べる手法である。本分析における手続きとしては，①各因子の固有値が 1 を上回る範囲で因子数を想定する，②いずれの因子にも 0.30 未満の負荷量しか示さない項目については除外して再度探索的因子分析を行い，更に③最も負荷量の高い因子と，次いで高い負荷量を示す因子の負荷量の差が 0.1 未満である項目についても除外して再度因子分析を行う，といった手続きをとった。尚，②の基準については本書の他の分析基準とは異なるが，これは本章のねらいが極力多くの働き方改革施策を類型化し，分析対象とする目的を重視したためである。
6) クロンバックの α は，算出した施策の尺度の信頼性を示す指標である。
7) 各質問項目は上述の通り，「導入していない」の 0 から，「よく利用されている」の 5 までの 6 段階尺度である。各質問項目の単純加算平均値を計算しているため，理論上 0 点から 5 点までの尺度となり，連続的な変数として取り扱う。各項目の数値が高いほど，その施策群の利用度が高いことを意味する。
8) 本分析で検証されるモデルは，各働き方改革施策群と各パフォーマンス指標の因果関係を示すものではない。また，従属変数に女性従業員比率を設定したモデルについては，モデル全体の適合性を示す F 値が一部低い。このため，分析結果の解釈にあたってはこの点に留意する必要がある。
9) 尚，図表 5-8 では職能資格制度が強いほど労働時間の柔軟化が女性従業員比率を高める結果がみられているが，職能資格制度が低い場合の方が女性比率の値が高い。職能資格制度は女性比率に対して負の直接効果があり，労働時間の柔軟化は直接的には女性従業員比率と有意な関係にはないことから，職能資格制度が強い場合には労働時間の柔軟化で女性従業員比率をある程度高めるものの，それは職能資格制度が強い場合の負の効果を，労働時間の柔軟化が軽減してくれることを意味するものである。
10) 但し，平野（2015）における意図せざる結果の考察は，労働契約法の改正に係る意図と結果に関するものである。本章での考察の対象は女性活躍推進施策という人事制度であるため，研究視角が異なるものである点には注意が必要である。

<参考文献>

Appelbaum, E., Bailey, T., Berg, P. B., Kalleberg, A. L. and Bailey, T. A. (2000) *Manufacturing Advantage: Why High-Performance Work Systems Pay Off*, New York, Cornell University Press.

Huselid, M. A. (1995) "The impact of human resource management practices on turnover, productivity, and corporate financial performance," *Academy of Management Journal*, Vol.38, No.3, pp.635-672.

MacDuffie, J. P. (1995) "Human resources bundles and manufacturing performance," *Industrial and Labor Relations Review*, Vol.48, No.2, pp.173-188.

今野浩一郎・佐藤博樹（2009）『人事管理入門（第2版）』日本経済新聞出版社。

上林憲雄・厨子直之・森田雅也（2018）『経験から学ぶ人的資源管理［新版］』有斐閣。

小泉大輔・朴弘文・平野光俊（2013）「女性活躍推進施策が若年女性のキャリア自己効力感に与える影響」『経営行動科学』第26巻第1号，17-29頁。

佐藤博樹（2012）「正社員の無限定化と非正社員の限定化―人事管理の新しい課題―」『日本労務学会第42回全国大会研究報告論集』201-208頁。

佐藤博樹・武石恵美子（2014）『ワーク・ライフ・バランス支援の課題―人材多様化時代における企業の対応―』東京大学出版会。

武石恵美子（2014）「女性の昇進意欲を高める職場の要因」『日本労働研究雑誌』No.648，33-47頁。

谷口真美（2005）『ダイバシティ・マネジメント―多様性をいかす組織―』白桃書房。

鶴光太郎（2011）「非正規雇用問題解決のための鳥瞰図―有期雇用改革に向けて―」RIETI Discussion Paper Series 11-J-049。

久本憲夫（2010）「正社員の意味と起源」『季刊　政策・経営研究』第2号，19-40頁。

平野光俊（2009）「内部労働市場における雇用区分の多様化と転換の合理性―人材ポートフォリオ・システムからの考察―」『日本労働研究雑誌』No.586，5-19頁。

平野光俊（2015）「労働契約法改正の「意図せざる結果」の行方－小売業パート従業員の分配的公正感を手がかりとして―」『日本労働研究雑誌』No.655，47-58頁。

平野光俊・江夏幾多郎（2018）『人事管理―人と企業，ともに活きるために―』有斐閣。

松浦民恵（2017）「働き方改革のフロンティア―改革の射程の広がりを視野に―」『日本労働研究雑誌』No.679，42-51頁。

守島基博（2010）「社会科学としての人材マネジメント論へ向けて」『日本労働研究雑誌』No.600，69-74頁。

山口一男（2009）『ワークライフバランス―実証と政策提言―』日本経済新聞社。

（余合　淳）

第6章

グローバルリーダーの条件

━ 本章のねらい ━

　グローバル化の進展と，それに反発する保護主義的な動きも活発化する昨今，日本企業においてはグローバルリーダーやグローバル人材の必要性が叫ばれて久しい。そのような中，グローバルに普遍的なグローバルリーダーが日本企業においても求められているのか，はたまた日本企業独自のグローバルリーダーが求められているのだろうか。このような疑問から，本章ではグローバルリーダーの置かれる環境をも含めて，現代の日本企業の現状を確認していく。

　というのも，日本企業においてグローバルに唯一普遍的で最善のグローバルリーダーを想定してよいものかどうか，疑義をはさまざるを得ないからである。その理由の1つとして，グローバルリーダーが置かれる環境の相違が考えられる。米国企業と日本企業の相違に鑑みれば，グローバルリーダーと言えども彼ら彼女らの置かれる環境は異なることが想定され，それを無視しえないと考えられるからである。

　したがって本章では，グローバルリーダーに求められる要件を整理するとともに，グローバルリーダーの置かれる環境についても注目する。そしてそれらの関係を確認し，日本企業において常に不足しているといわれているグローバルリーダーについて，その拡充に向けた示唆を得ることを目的として，議論を進めていこう。

1. はじめに

　グルーバル市場主義が進展する一方，保護主義的な動きも活発化する昨今，日本企業においては，企業のグローバル化を牽引するグローバルリーダーあるいはグローバル人材の必要性が重要な経営課題となって久しい。例えば，日本能率協会（2015）の「当面する企業経営課題に関する調査」においても「1. グローバル人材は圧倒的な不足感が強い」，「2. 人員構成のグローバル化も進むが，異文化対応・ダイバーシティ能力はこれから」，「3. 経営課題は『人材の強化』」が経営者の認識する経営課題トップスリーであり，グローバル関連の課題が急伸している（日本能率協会，2015）。つまりグローバル経営を担う人材は継続して不足している状況といえそうである。

　本章では，日本企業におけるグローバルリーダーと，彼ら彼女らが置かれる環境との適合について検討するが，本章のグローバルリーダーとは，ミドル層，すなわち日本企業においてグローバル経営を現場で牽引し，将来グローバル経営幹部になることが期待される候補者を対象としている。つまり，例えば本社のCEOや海外子会社の社長など，いわゆるトップ層のリーダーを対象とはしていない。というのも，トップ層では公式な権限がより拡大するため，指示命令がメンバーにより受け入れられやすくなる。しかしながら，ミドル層は権限が制限されるため，公式の権限に基づかない様々な工夫を現場で実行することにより組織成果を創出する。つまり，強い現場が日本企業の特徴のひとつであるとするならば，ミドルに注目することは日本企業の特徴を改めて検討することに繋がる。したがって，本章では現場により近いミドルのグローバルリーダーを対象として考える。

　加えて，本章ではグローバルリーダーが置かれている環境，いわゆる現場に注目をする。グローバルリーダーに関する学術研究は，米国で生まれ，米国を中心に展開されている。その内容は，あたかも唯一普遍的なグローバルリーダーが存在するかのように議論されている。なぜなら，グローバルリーダーに関す

130 第Ⅱ部 各論：人材の多様化と育成

る既存研究においては，高業績者に共通してみられる行動特性であるコンピテンシーに注目し，コンピテンシーの豊富なグローバルリーダーならば成果を得ることができると暗黙裡の前提があるからである。そしてこのコンピテンシーモデルは，言わば何でもできるスーパーマンが理想であり，その理想，すなわち唯一普遍的なグローバルリーダーの探究が研究テーマとなっている。

それでは，日本企業においてこうした唯一普遍的な最善のグローバルリーダーに関する知見をそのまま適用しても良いのだろうか。というのは，既存研究には明示的であれ暗示的であれ，明確にビジョンをもち，そのビジョンに向かってメンバーを強力に牽引していくことが共通して示されている。この点は米国を中心とするアングロサクソン的な指向を特徴的に表しているといえるのではないか。すなわち，メンバーをグイグイ引っ張っていくスーパーマンという前提である。しかし，これを環境が異なると考えられる日本企業のグローバルリーダーにそのまま前提として当てはめて果たしてよいものだろうか。こうした疑問の上に立ち，本章ではグローバルリーダーの置かれる環境をも含めて検討する。

本章では，まずこれまでに米国を中心として議論されてきたグローバルリーダーに求められる要件を整理し，それらに対する日本企業の現状を確認する。次に，どのようにしてグローバルリーダーが選抜されているのかについて，人事システムの日米比較を通して日本企業の現状を確認する。さらに，グローバルリーダーの置かれる環境として組織編成原理に注目し，日本企業の現状を把握する。そして最後に，これら3つの側面とグローバルリーダーの充足の関係について，分析，検討していく。

2. グローバルリーダーの要件

本節ではまず，(1)でグローバルリーダーに求められる要件の全体像を示し，(2)で現代の日本企業のグローバルリーダーに共通する要件を探る。

（1） グローバルリーダーに求められる様々な要件

　グローバルリーダーは，一体どのような特性を持っているのだろうか。優れ
たグローバルリーダーとは，一体どのような資質を持って行動しているのだろ
うか。グローバルリーダーに求められる要件は，特に米国を中心にこれまで様々
に議論されてきた。本項では，まずグローバルリーダーに求められる要件を幅
広く把握していこう。はじめに，グローバルリーダー研究の中心的課題である
コンピテンシー，すなわち「職務遂行の際に高業績をもたらす優れた行動特性
やスキル」（経営史学会編，2012，238頁）を探求したものを取り上げる。次に，
そのコンピテンシーを獲得するための要件はいかなるものかを整理する。これ
らは米国での研究結果であるが，それらに加え，日本企業のグローバルリーダー
として特徴的な要件も合わせて確認していく。

①　グローバルマインドセット

　まずはコンピテンシー研究の代表例として，国内の研究においても既に援用
されている（例：白木ら，2014），Javidanらの一連の研究を取り上げよう。

　Javidanらが提示するグローバルマインドセットとは，「多様な文化社会的
システムを背景に持つ個人，グループ，組織に対して影響を与えることを可能
にする個人の知識，認知，心理的な属性の蓄積」（Javidan and Teagarden, 2011,
p.154）であり，それは図表6-1の通り，知的資本，心理的資本，社会的資本か
ら構成される（Beechler and Javidan, 2007）。

　これらのマインドセットを保持することが，グローバルリーダーには求めら
れており，これらの有無が，グローバルリーダーとしての適性を評価する基準
として考えられている。

②　メタ・コンピテンシー

　グローバルマインドセットを代表例とするコンピテンシーアプローチは，現
時点で既に顕在化しているコンピテンシーに関心があり，如何にすれば，将来
そうしたコンピテンシーを獲得できるようになるのかについては関心外であ

132　第Ⅱ部　各論：人材の多様化と育成

図表6-1　グローバルマインドセット・インベントリー

知的資本： グローバルビジネスの理解	ビジネスに関する知識	業界，顧客，競合他社に関する知識や，地理的な戦略リスクの把握
	認知的複雑性	複数かつ多様な視点から困難と機会とを見極める能力
	コスモポリタンな態度	文化，歴史，地理，政治，経済システムなどの違いへの能動的な興味
心理的資本： 新たなアイデアや経験の受容	多様性への情熱	異文化経験や新たなやり方への興味関心
	冒険への欲望	予測不可能で複雑な環境下においても力強く前進することへの評価と能力
	自　信	新たな文脈においても自信，ユーモアのセンスがあり，リスクを取ること
社会的資本： 異文化の人々との関係性構築	異文化への共感	異文化の人々を引き込み，感情的な繋がりを持つ能力
	対人影響力	創発的視点の共有，合意形成，信頼性の確保などの能力
	交渉力	言われたこと言われなかったことを聴き，異なる人の声に耳を傾け，答えるよりも尋ねる傾向のあること

（出所）　Beechler and Javidan（2007）；Javidan and Teagarden（2011）より筆者作成。

る。しかしながら，如何にグローバルリーダーはコンピテンシーを獲得するのか，そのコンピテンシー獲得のための能力とは一体どのようなものであろうかといった点は，グローバルリーダー育成の観点からも重要な視点であろう。したがって本項では，グローバルリーダーのコンピテンシーを獲得するための要件を加えよう。この要件は「メタ・コンピテンシー」に見ることができる。

　メタ・コンピテンシーとは，如何に学習すべきかを知っているか否かを測るものであり，継続して学習するために必要なものである（Briscoe and Hall, 1999）。メタ・コンピテンシーにはニーズや環境に合わせて将来にわたって変化できる「アダプタビリティ」と，自分自身にかんするフィードバックを集め自己概念を適切に修正する「アイデンティティ」の2つの下位次元から構成され，図表6-2のように整理される。

　このメタ・コンピテンシーは，グローバルリーダーに求められるコンピテンシーがたとえ現時点では欠けていたとしても，継続的な学習を通じてそれらを補う可能性を示唆するものである。これは，先行き不透明でかつ常に異なる環

第6章　グローバルリーダーの条件　133

図表 6-2　メタ・コンピテンシー

アダプタビリティ：ニーズや環境に合わせて，将来にわたって変化できる。	
アダプタビリティを学習するコンピテンシー	・柔軟性 ・探検 ・新しい多様な人々やアイデアへオープンである。 ・対話のスキル ・たいへんな変化が心地よい。
アイデンティティ：自分自身に関するフィードバックを集め，自己概念を適切に修正する。	
アイデンティティを学習するコンピテンシー	・自己査定 ・フィードバックを探し，聞いて，それに基づいて行動する。 ・個人の価値観を元に探索し，コミュニケーションし，行動する。 ・多様な個人の能力開発に関与し，喜んでそのモデルになる ・個人の能力開発の努力に報酬を与える。 ・多様な人々やアイデアにオープンである。 ・異なる人々との関係を積極的に探す。 ・変化に応じて自己認識を喜んで修正する。

（出所）　Briscoe and Hall（1999）より筆者作成。

境に置かれる可能性の高いグローバルリーダーにとって，欠かすことのできない要件であるといえよう。

③　行動柔軟性

　海外赴任者のコンピテンシーに注目した白木ら（2014）の一連の研究によると，日本企業の海外赴任者のコンピテンシーは，「経営手腕」「PM リーダーシップ」[1]「行動柔軟性」「現地文化への理解」の4つの要素からなることが明らかにされている（白木編著，2014）。これらを眺めると，「経営手腕」「PM リーダーシップ」は通常のリーダーシップに関するコンピテンシーとして捉えることができる。「現地文化への理解」はグローバルマインドセットの知的資本，特にコスモポリタンな態度に包含されうる。したがって，日本企業のグローバルリーダーの特徴的な要件と考えられ得るのは，図表 6-3 に示す「行動柔軟性」と言える。

　というのも，この「行動柔軟性」は，米国を中心とするグローバルリーダーに関する先行研究ではほぼ取り上げられていないし，先ほどのグローバルマイ

134　第Ⅱ部　各論：人材の多様化と育成

図表 6-3　行動柔軟性

▶客観性 ▶適応性 ▶自制心 ▶新しい考えの受容 ▶グループ間協力の推進	・自分がミスをした時は素直に認める。 ・意思決定にあたり，周囲の意見を取り入れる。 ・他部門からの支援を求められる時，支援する。 ・規則を尊重し，適切に行動をする。 ・部下に対する気配りや関心を示している。 ・部下に公平に接している。 ・顧客を大事にしている。 ・部下が問題に遭遇した際に，適切な手助けをする。 ・他部門の悪口を言わない。

（出所）　Pranvera（2014）より一部筆者修正。

ンドセットにも明示されていない。しかし，日本におけるグローバルリーダー
に近い海外赴任者のコンピテンシーに関する先行研究によって明らかにされた
この「行動柔軟性」は，日本企業を対象として分析，検討する際には欠かして
はならないものと考え得られる。したがって，これらの内容もグローバルリー
ダーに求められる要件の全体像の中に含めよう。

　以上の①グローバルマインドセット，②メタ・コンピテンシー，③行動柔軟
性の3つの概念によって，日本企業におけるグローバルリーダーに求められる
要件の全体像を示したことになる。では，これらの項目のすべてが実際に現代
の日本企業のグローバルリーダーに共通する要件なのだろうか。

（2）　日本企業におけるグローバルリーダーの共通要因

　先項でグローバルリーダーに求められる要件の全体像を整理した。これらす
べてを兼ね備えた，いわゆる「スーパーマン」がたくさん存在すれば，それに
越したことはない。しかしながら，それはあまりに現実離れしており，場合に
よっては不要な項目が含まれているかもしれない。また，日本企業にとっては
特に重要視されない項目や，逆により重要視する項目があるかもしれない。し
たがって，現代の日本企業において，グローバルリーダーを選抜する際に選抜
指標として活用されているのかとの観点に立ち，日本企業の人事部長に対する
アンケート調査を実施した。その結果を通して，日本企業におけるグローバル
リーダーの共通要因を明らかにしていこう。

第6章　グローバルリーダーの条件　135

図表 6-4　グローバルリーダーの要件に関する探索的因子分析の結果

グローバルリーダーの選抜基準の測定項目	第1因子 不確実性 対応力	第2因子 多方面の 一般知識
自分で状況をコントロールできない場面でもうまくやっていける。	.832	.119
他者との仕事の調整に積極的である。	.816	-.013
全く文化や意見の異なる人々と効果的に仕事をする。	.814	.143
目的達成のために異文化の人々と協働することができる。	.797	.232
既存のやり方にとらわれずに新しい方法で挑戦する。	.713	.188
対話スキルにたけている。	.679	.119
自分に対するフィードバックを素直に受け入れる。	.563	.303
世界の主な宗教とそれらの社会への影響についての知識をもっている。	.158	.741
複数の国の地理や歴史，重要人物などを知っている。	.027	.714
ビジネス以外の世界の出来事に関心があり，議論することができる。	.221	.697

　先項で確認した内容について，実際の質問調査票では「グローバルリーダーを選抜する際に，選抜指標として使用しますか」と尋ねた上で，「全く使用しない（1点）」から「必ず使用する（5点）」の5件尺度で人事部長に回答いただいた（具体的な質問項目に関しては，巻末の補録を参照のこと）。

　回答内容を探索的因子分析[2]した結果，日本企業のグローバルリーダー要件としての共通要因として考えられるのは「不確実性対応力」と「多方面の一般知識」の2つであることが分かった。

　「不確実性対応力」とは，未知の世界にグローバルリーダーが直面しても，そこにいる人々の協力を仰ぎながら仕事を遂行していく能力である。一方の「多方面の一般知識」は，いわゆる昨今話題になっているリベラル・アーツ，一般教養と言ってよかろう。グローバルリーダーが携わるビジネスの専門知識以外の一般教養に関して，関心を持っていることを伺わせる結果となった。

3. グローバルリーダーの選抜基準

　ではどのようにして，グローバルリーダーに求められる要件が確認されるのか，その確認の具体的な局面であるグローバルリーダーの選抜について検討していこう。その検討に先立って，まず (1)で，人事システムの日米の違いを通して日本企業の伝統的人事システムの特徴と米国を中心とするそれとの違いについて検討していく。そして (2)で，グローバルリーダーの選抜方法についての日本企業の現状について確認していこう。

(1) 人事システムの日米の違い

　人事システムの日米の違いに関しては，昨今米国を中心に注目されているタレントマネジメントと，伝統的日本型人事システムとの比較から捕捉することが可能である。

　タレントマネジメントは論者によって様々に定義されているが，Collings and Mellahi（2009）を例にとると「戦略的タレントマネジメントとは，組織の持続的競争優位に特に貢献するキーポジションを体系的に特定する，それらポジションを高い潜在能力と高業績をもたらす人材プールを開発する，有能な人材でこれらのポジションを当てはめる差別化された人材アーキテクチャーを構築する，などの活動やプロセス」（pp.26-27）である。

　このタレントマネジメントの特徴を，伝統的な日本型人事システムと比較するため，石原（2013）と，柿沼（2015）を参照して整理していこう。

　タレントマネジメントと伝統的日本型人事システムでは，その管理対象への焦点が異なる。タレントマネジメントでは，「個人の力（有能さ）への信頼」とされるように，企業の業績やビジネスゴールの到達には，優秀な能力を持つ「個人」の力の結集こそが重要だと考えられており，年功や周囲とのバランスを考慮した昇格配置，評価などとは無縁である。一方で伝統的日本型人事シス

第6章　グローバルリーダーの条件　137

図表6-5　人事システムの比較

比較の軸	タレントマネジメント	伝統的日本型人事システム
管理対象の焦点	個人の力（有能さ）への信頼	周囲とのバランス
対象者の範囲	選ばれた人が対象[3]	全員対象 （やがて順番がまわってくる）
対象者の選抜	業績評価を短期サイクルで 繰り返す	選抜の過程はブラックボックス
個人の成長へのスタンス	適者開発	適者生存
人材育成の考え方	適材確保・戦略的活用	内部育成
時間軸	中・短期的視点	長期的視点
制度の基準	ジョブ型	ヒト型

（出所）　石原（2013）；柿沼（2015）を参考に筆者作成。

テムは，日本企業においては「個に恃む（たのむ）」ことは往々にして忌避されており，有能であろうがなかろうが，組織のメンバーとして何を如何に貢献できるのか，その方策が長期にわたり探し求められる。

　対象者の範囲とは，人事システムにおいてキャリアが管理される人々のことである。タレントマネジメントは優秀な人材に集中投資し，成果を短期に獲得することを目指す。伝統的日本型人事システムにおいては，年功序列的な雇用慣行が未だ根強く，全員が投資や管理の対象者であり，「そのうち自分の順番が回ってくる」のである。

　対象者の選抜は，タレントマネジメントにおいては業績評価によってなされ，評価や昇格の際の判断基準は業績が最重要項目である。成果を出しても出さなくても明確に評価差が出ない，どこまでやれば成果なのか曖昧といったことは忌避されるタレントマネジメントに対し，伝統的日本型人事システムでは，選抜の過程はブラックボックスであり，成果基準が曖昧，チーム成果重視であり，タレントマネジメントとは対照的である。

　個人の成長に関して，タレントマネジメントではスピード成長が目的で，選ばれた人材を集中して育て上げる，すなわち適者開発と呼びうる。ここでは如何に早く個人を成長させることができるのかが重要な関心事であり，優秀な人材にはより多くのリソースが配分される。一方で伝統的日本型人事システムは，長期にじっくり成長を促す適者生存とも呼ぶべきスタンスといえる。

人材育成の考え方は，タレントマネジメントはまずリーダーのすべきタスクが明確にあり，そのタスク完遂に適した人材を配置する。そして，そのリーダーの目標達成のために部下を配置するのであって，そのためにリーダーは適材を確保することに専念し，戦略的に人材を活用することを考える。一方で伝統的日本型人事システムの場合，リーダーは内部で育成され，そして既にその組織に属する部下をさらに内部育成していくのである。つまり「ヒト」が先に存在するのであって，タレントマネジメントでは達成すべきタスク，いわゆる「ジョブ」が先ず存在するのとは，対照的である。

このことから，タレントマネジメントは「ジョブ型」，伝統的日本型人事システムは「ヒト型」の管理基準に則っている，ということができよう。

(2)　日本企業がグローバルリーダーを選抜する際の基準

先項で確認したように，タレントマネジメントと伝統的な日本型人事システムには異同がみられる。その異同が，日本企業におけるグローバルリーダーの選抜に如何に影響しているのだろうか。グローバル市場主義の進展に伴って，タレントマネジメントの考え方が浸透してきているのか，はたまた日本企業の伝統的な考え方が未だ生き残っているのか。このような観点から，日本企業においてはグローバルリーダーを如何に選抜しているのか，その現状を明らかにしていこう。調査では，タレントマネジメントの特徴から抽出された質問項目と伝統的日本型人事システムの特徴から抽出した質問項目が，「グローバルリーダーを選抜する際の基準」として選択された（具体的な質問項目に関しては，巻末の補録参照）。

回答内容を因子分析した結果，日本企業におけるグローバルリーダーの選抜基準として日本企業に共通する要因は「柔軟的内外選抜」と「計画的内部選抜」であった。「柔軟的内外選抜」とは，伝統的に内部育成でまかなっていこうとする一方で，やはりグローバルリーダーは日本企業においては絶対的に不足しているのだから，社外にも適任者を求めることもありうる。

一方の「計画的内部選抜」から伺えるのは，「柔軟的内外選抜」とは異なり，

第6章　グローバルリーダーの条件　139

図表6-6　グローバルリーダーの選抜基準に関する探索的因子分析の結果

グローバルリーダーの選抜基準の測定項目	第1因子 柔軟的 内外選抜	第2因子 計画的 内部選抜
本社，現地法人以外の人材から選抜している。	.687	.038
必要に応じて外部から採用している。	.635	.080
候補者が見つかりしだい，選抜する。	.629	.095
計画的に選抜する。	.157	.641
コンピテンシーリストに基づき選抜する。	.332	.638
将来の本社の経営人材に育つことを期待して選抜する。	-.125	.550

やはり基本的には社内人材でまかなっていこうという姿勢である。社内でどのような人材をグローバルリーダーとして求めているのかを明確にしたうえで，計画的に，将来性を見越して登用することが，この「計画的内部選抜」からうかがうことができる。

　以上から，現代の日本企業のグローバルリーダーに関する人事システムは，ジョブ型が少しずつ浸透してきているとはいえ，基本的には未だヒト型が重視されている傾向があるといえるかもしれない。

4.　グローバルリーダーの置かれる環境

　先に確認してきた通り，これまでのグローバルリーダー研究は，米国を中心に進められてきた。米国における企業と日本企業を比較すれば，グローバルリーダーの置かれる環境は異なりそうである。したがって本節では，日本企業におけるグローバルリーダーの置かれる環境について考えていこう。

（1）　日本企業におけるグローバルリーダーの置かれる環境

　グローバルリーダーの置かれる環境として，本章では組織編成原理を取り上

140 第Ⅱ部 各論：人材の多様化と育成

げる。というのも，組織編成原理は，グローバルリーダーがまさしく直面する現場であり環境であること，またこの組織編成原理とヒト基準とジョブ基準をベースとした人事システムとは相互に補完性を持つものであるからである（詳細については，Shimada（2018）参照のこと）。

　組織編成原理は通常，M型組織とO型組織の2つに類型化される（石田，1982；林，1994）。M型組織とは，「各職務とそれらの相互関係を論理的にデザインして，それらに任務のすべてを配分する考え方」で，欧米型の組織化原理である（林，1994）。片やO型組織は，個々人の責任と権限の範囲は曖昧ではっきりしておらず，日本において特徴的な組織編成原理である（石田，1999；林，1994）。

　この点から，M型組織は「ジョブ型」の管理基準に，O型組織は「ヒト型」の管理基準にそれぞれ対応していることが分かる。というのは，M型組織は責任や役割の範囲が事前に明確となっており，そこに外部労働市場から適材をはめ込む一方，O型組織ではその組織内の既存メンバーで，如何に上手く曖昧な責任や役割をこなしていくのかという点に管理の主眼があり，外部から人材を補うという発想は基本的にないからである。

　さて，責任や役割の範囲が曖昧な個人が協働するO型組織では，個々人の間に責任や権限のすき間が生じてしまう。しかし，そのすき間は，組織成員が相談し合ってカバーする戦略的な共有領域であり，この部分を「相互補完的な役割行動が期待されている」領域と捉え（石田，1982，17頁），「このような柔軟な職務行動は外国ではあまり見られない日本の組織の顕著な特徴であり，日本の組織の効率性と環境変化への適応性を支える鍵というべき重要性を持つ」（石田，1999，69頁）のである。

　しかし，この共有領域は，M型組織に親和的な人から見れば，曖昧な領域にしか見えない。例えば日本企業であっても，海外子会社は現地メンバーが大多数であるから組織形態はM型組織となっており，O型組織で通用するリーダーシップ，すなわち日本のやり方そのままではうまくいかない（林，1994）。日本人の目からは，相互補完的な役割行動が期待されている領域において，曖昧であるが故に現地メンバーにはその重要性が理解できず，相互補完的な役割

行動を行わない。その結果，日本人は「現地国の人間は気が利かない，言われたことしかしない，自発性に乏しい」（石田，1982，17頁）と感じる。その一方で現地社員は日本人社員の行っていることが理解できない，といった齟齬が生じるのである。

（2）　グローバルリーダーの置かれる環境
―日本企業の本社拠点と海外拠点の組織編成原理の現状―

　先行研究では「ジョブ基準」の管理スタイルにはM型組織が，「ヒト基準」の管理スタイルにはO型組織が，それぞれ適応していることが確認されている。ここで，日本企業におけるグローバルリーダーの置かれる環境とは，職務や責任範囲が明確にされているのか否か，組織のメンバーは職務・責任範囲を超えた行動を取ろうとするのか否か，また職務・責任範囲を超えた行動がその組織では推奨されるのか否か，すなわち責任や権限のすき間での活動が評価されるのか否かといった点が，米国とは異なることが推測される。というのも，この組織編成原理は米国の研究では取り上げられていない。組織編成原理は米国においては普遍的で単一であり，それはすなわちM型組織であり，他の類型が存在することなどはまったく想定されていないのである。ところが日本においては，米国とは異なる組織編成原理が存在しており，組織編成原理の異同にグローバルリーダーは直面することになる。

　そこで，O型組織が日本固有のものであるとするならば，日本本社はヒト型の管理基準に適合するO型組織であろうし，日本企業であろうともその海外拠点は海外メンバーが多数なのだからジョブ型の管理基準に適合するM型組織であると想定される。この想定の上で，本調査では，日本本社と海外拠点のそれぞれについて，「従業員の職務や責任範囲は具体的に規定されている」等の組織編成原理にかんする質問が設定された（具体的な質問項目は，巻末の補録参照）。これらの項目について，日本本社事業所と海外拠点のそれぞれについて「当てはまらない（1点）」から「その通り（5点）」の5件尺度で回答を得るようにした。

142　第Ⅱ部　各論：人材の多様化と育成

　本調査では，日本本社の組織編成原理の平均点よりも高得点群を日本M型，低得点群を日本O型とし，同様に海外拠点について高得点群を海外M型，低得点群を海外O型とした。

　まず，組織編成原理の組み合わせ毎にその度数を確認しよう。日本本社がO型組織であったケースは合計で33社に対してM型組織は30社と，それほどの差はなかった。さらに，先ほど「日本O型・海外M型」の組み合わせが未だ主流ではなかろうかとの想定であったが，この組み合わせに該当するのは12件で全体の19％であり，主流と呼べるほどの多数を占めているわけではない。一方，日本本社がO型組織の33件のうち，海外拠点もO型組織になっているのが21件であることから，日本本社がO型組織編成原理の場合には，その海外拠点も日本本社と同様，O型組織編成原理になっている傾向がうかがえる。逆に日本本社がM型組織の場合に海外拠点がO型組織になっているのは9件と最も少ない。米国企業を想定する本社M型組織・海外M型組織の組み合わせは21件33％と，日本企業においては先ほどの想定以上に米国型に移行していることがわかる（Shimada, 2018）。

　以上をまとめると，日本企業におけるグローバルリーダーの置かれる環境，すなわち組織編成原理とは，想定された以上に多様である。

　このように，日本企業におけるグローバルリーダーの置かれる環境というものは，米国を中心とする先行研究において暗黙裡に想定されている本国，海外拠点ともM型組織であるという環境とは少なくとも異なるということが明らかになった。では，この組織編成原理と，グローバルリーダーに対する日本企業が求める要件，その選抜方法との関係を確認していこう。

5.　グローバルリーダーの要件・選抜基準と置かれる環境との関係

　本節では，これまで確認してきた3つの側面，すなわちグローバルリーダーに求められる要件，グローバルリーダーの選抜基準，そしてグローバルリーダー

第6章　グローバルリーダーの条件　143

の置かれる環境である組織編成原理と，グローバルリーダーの充足の関係について確認していこう[4]。

（1）　組織編成原理とグローバルリーダー充足度の関係

日本企業において，グローバル化の対応の遅れが重要な経営課題の１つであると言われて久しい。本章では，それはグローバルリーダーが質，量ともに不足していると捉え，グローバルリーダーの置かれる環境との関係を確認しようとするものである。したがって，グローバルリーダーの質，量の過不足を，「グローバルリーダー充足度」として捕捉したうえで，グローバルリーダーの人員数は目標レベルに達しているか否か，またグローバルリーダーのパフォーマンスは目標レベルに達しているか否かを，「日本人グローバルリーダーの人員数は，目標レベルを満たしている」「日本人グローバルリーダーのパフォーマンスは，目標レベルを満たしている」などの質問を用いて，5件尺度で確認した（具体的な質問項目は，巻末の補録参照）。

その結果，日本本社のグローバルリーダー充足度と先に確認した組織編成原理との間には，以下の場合において統計的に有意な関係を見出すことができた（分析の詳細については，Shimada（2018）を参照のこと）。

　＜結果１＞
　1）　日本本社がＭ型組織の場合，日本本社のグローバルリーダー充足度は向上する。
　2）　海外拠点がＭ型組織とＯ型組織の折衷型の場合，日本本社のグローバルリーダー充足度は低下する。

分析の結果，日本本社がＭ型組織の場合であればあるほど，本社のグローバルリーダー充足度は向上することが明らかになった。また，海外拠点がＭ型とＯ型の折衷型といった組織ではグローバルリーダーの充足度は低下する。

144 第Ⅱ部 各論：人材の多様化と育成

（2） 海外拠点の組織編成原理とグローバルリーダー要件，選抜基準との関係

　こうした結果はすなわち，日本企業の海外拠点が明らかにM型組織の場合，また明らかにO型組織の場合では，日本本社のグローバルリーダーはいずれも充足度が高まることをも示している。では，海外拠点がM型組織の場合とO型組織の場合とでは，グローバルリーダーに求められる要件や適切な選抜基準は異なるのではなかろうか。この想定に基づき分析を加えたところ，以下のような結果を得た。

　＜結果2＞
　1）　海外拠点がO型組織では，計画的内部選抜がグローバルリーダー充足度にプラスの効果がある。
　2）　海外拠点がM型組織では，多方面の一般知識がグローバルリーダー充足度にマイナスの効果がある。

　1）は，海外拠点はO型組織であることから，日本型の制度なり慣行，システムが既に移転されている海外拠点と考えられ得る。その場合には日本型の制度，慣行，システムに熟知したグローバルリーダーが必要となり，計画的に社内から選抜されることを示していよう。
　2）は，海外拠点はM型組織であることから，実施すべき職務は明確になっている。従って対象業務に熟知していればよく，多方面の一般知識を求めるわけではない，以上のような解釈が可能であろう。

（3） 考　察

　以上の結果を踏まえ，なぜこのような結果になるのか，またこれらの結果から得られる示唆について考察していこう。
　まず（1）で示された，日本本社はM型組織がグローバルリーダーの充足に

有効であるとの結果は，グローバルリーダーに対する職務や責任の範囲，ミッションを明確にすることが必要であることを示唆している。というのも，職務や責任範囲が曖昧であるO型組織では，グローバルリーダーの要件も曖昧となる。こうした曖昧さによって，グローバルリーダーが何となく不足している印象を持ってしまう。しかし，職務や責任範囲が明確なM型組織では，グローバルリーダーの要件は明確であり，グローバルリーダーが充足しているか否かは明らかである。このことから，職務や責任範囲が曖昧なまま印象としてグローバルリーダーの充足を捉えるのではなく，グローバルリーダーの職務や責任範囲を明確にし，どの範囲にどれだけ不足しているのかということを明らかにしていくことが，まず重要なのである。さらには，日本本社側では曖昧な職務範囲の中でリーダーとメンバーが相互に協力する姿勢が共有できているO型組織で評価されるリーダーシップスタイルが，いざ海外拠点への進出となると，それだけでは困難であることをも示していよう。

　また，海外拠点はM型組織もしくはO型組織が日本本社のグローバルリーダー充足度に有効であるということは，これは例えばM型組織とO型組織の折衷型というようなもの，もしくはM型組織とO型組織のどちらの傾向にもない曖昧な組織編成原理では有効ではないことを示している。これは先ほどの日本本社側ではM型組織が有効であるという示唆と同様に，日本企業として，海外拠点をM型組織とするのか，はたまたO型組織へとしたいのか，いずれかの方向性を明確にもつ必要があることを示唆している。

　次に，（2）で示された結果について検討していこう。

　まず，海外拠点がO型組織の場合に計画的内部選抜が有効であるとの結果に関しては，次のように考えることができる。計画的内部選抜とは，日本本社の内部労働市場で計画的に，将来の本社の経営人材を育成，選抜しているということである。これはすなわち，本社側での仕事の進め方なども熟知した人材が長期にわたる選抜過程を経ていることを意味する。そこで，もし日本企業が海外拠点に対して日本での仕事の進め方，人事システムの仕組みなどの海外展開を図るのであれば，計画的にグローバルリーダーを育成，選抜し，日本での仕事の進め方や人事システムの仕組みに熟知した人材を内部選抜する必要があ

る，ということを示唆する。

　また，海外拠点がM型組織の場合には，多方面の一般知識は必要とされていないという結果であった。これに関しては，海外拠点での職務が明確であり，その職務に精通した人材をグローバルリーダーとして選抜すべきであって，先行研究や世間一般で言われているような多方面の一般知識，一般教養といったものは特に必要ではないということである。つまり海外拠点がM型組織の場合には，職務に精通したプロフェッショナルと呼ぶような人材がグローバルリーダーとして適していることを示唆しているのである。

　以上より，海外拠点の組織編成原理，すなわちグローバルリーダーの置かれる環境とグローバルリーダーに求められる要件，グローバルリーダーの選抜基準の関係が明らかになった。上記の2つの結果から，日本企業として何をグローバルリーダーに求めるのか，そしてそれは海外拠点をどのように捉えるのかによってグローバルリーダーに必要な要件は異なる。つまり，日本企業においては，海外拠点をどのように捉えるのか，すなわちO型組織を志向するのかM型組織を志向するのかに応じて，グローバルリーダーの要件は異なるのである。これは米国でのグローバルリーダーの要件，すなわち唯一普遍的なスーパーマンであるグローバルリーダーとの仮定とは異なるものであり，米国型へ無批判に追随することは有効でない。

6. む　す　び

　本章では，日本企業におけるグローバルリーダーと，彼ら彼女らが置かれる環境との適合について検討した。その結果，米国を中心に展開されている既存のグローバルリーダー研究のように，唯一普遍的なグローバルリーダーが存在しているのではなく，置かれる環境に応じてグローバルリーダーの要件は異なることがわかった。すなわち，日本企業の海外拠点の組織編成原理の相違によって，求められるグローバルリーダーの要件や選抜基準は異なる。米国型の人材

開発の論理への無批判な追随ではなく，日本企業独自のグローバルリーダーが
グローバル経営の現場では求められているのである。

＜注＞

1) 「PMリーダーシップ」のPとは業績を表すPerformanceの頭文字で，「仕事志向」の
   リーダーシップ行動のことであり，またMとは集団維持を表すMaintenanceの頭文字で，
   「人間関係志向」のリーダーシップ行動のことを指す。これは三隅（1978）が提唱した
   ものであり，リーダーシップ行動はこの2軸で説明可能とされている（金井，2005）。
2) 探索的因子分析の手続きは，主因子法で因子を抽出しバリマックス回転を行い，①各
   因子の固有値が1を上回る範囲で因子数を想定する，②いずれの因子にも0.4未満の負
   荷量しか示さない項目は除外する，③複数の因子に0.4以上の負荷量を示す項目も除外
   する，④単独項目で1因子となる項目は削除する，といった手続きを繰り返した。本分
   析では異なる3つのアプローチから得られた項目を使用しており，そのためそれぞれに
   相関があると仮定すると解釈が困難になることが想定され得るため，それぞれの相関は
   小さいと仮定する際に使用されるバリマックス回転を採用した。
3) すべての人に対してそれぞれの人がより能力を伸長させ，より高い成果を上げるため
   には何をすべきかを考えるプロセスと考える包含的アプローチと，優秀な人材に集中投
   資し，成果を短期に獲得する排他的アプローチの2つのアプローチが存在しているとさ
   れている（例：石原，2013）。このうち，本章では排他的アプローチを採用している。と
   いうのは，包含的アプローチと言えどもそれは既に「選ばれた人たち」が対象であり，
   伝統的日本型人事システムの特徴としてあげられる新卒一括採用した社員は基本的に全
   員管理の対象である，というのとでは意味する内容が異なると考えられるためである。
4) 分析に用いた変数に関する記述統計量ならびに変数間の相関関係については，次ペー
   ジの表の通りである。

＜参考文献＞

Beechler, S. and Javidan, M. (2007) "Leading with a global mindset," in Javidan, M.,
   Steers, R. and Hitt, M. (eds), *Advances in International Management*, Vol.19, Oxford,
   UK: Elsevier, pp.131-169.

Briscoe, J. P. and Hall, D. T. (1999) "An alternative approach and new guidelines for
   practice," *Organizational Dynamics*, Vol.28, Issue.2, pp.37-52.

Collings, D. G. and Mellahi, K. (2009) "Strategic talent management: A review and
   research agenda," *Human Resource Management Review*, Vol.19, No.4, pp.304-313.

Javidan, M. and Teagarden, M. (2011) "Conceptualizing and measuring global mindset,"
   in Mobley, W. H., Li, M.and Wang, Y. (eds), *Advances in Global Leadership*, Vol.6,
   UK: Emerald, pp.13-39.

Pranvera, Zhaka (2014)「日本人派遣者のコンピテンシーと仕事成果 (2)」白木三秀編著『グ
   ローバル・マネジャーの育成と評価』早稲田大学出版部，53-72頁。

Shimada, Y. (2018) "Relationship between the principles of organization and
   requirements of global leader," *Eurasian Journal of Business & Management*, Vol.6,

148 第Ⅱ部 各論：人材の多様化と育成

	平均値	標準偏差	1	2	3	4	5	6	7	8	9	10	11	12
1 上場ダミー	1.250	0.434												
2 営業利益	37446.62	92140.28	-0.195											
3 現地人社長比率	21.760	31.142	0.229†	-0.023										
4 本社役員外国人比率	2.31	6.385	-0.102	0.066	0.147									
5 海外経験のある役員比率	37.28	31.286	-0.131	0.149	0.117	0.444***								
6 現地人管理職比率	48.03	35.993	-0.106	0.270†	0.561**	0.271†	0.360*							
7 日本M型 (α=.587)	2.5075	0.69959	0.232†	-0.398**	-0.087	-0.065	-0.021	-0.117						
8 海外M型 (α=.623)	2.7264	0.72457	0.126	0.023	0.260*	0.021	0.033	0.282*	0.328**					
9 柔軟的内外選抜 (α=.645)	2.8410	0.82518	0.091	-0.056	-0.211	0.043	0.011	-0.263†	0.037	-0.079				
10 計画的内部選抜 (α=.637)	2.8978	0.75769	-0.029	0.179	0.119	0.077	0.378**	0.168	-0.139	-0.088	0.217†			
11 不確実性対応力 (α=.898)	3.8495	0.58959	0.328*	0.119	0.168	-0.021	-0.042	-0.019	-0.270*	0.002	0.222	0.152		
12 多方面の一般知識 (α=.786)	2.6012	0.79498	0.171	-0.009	-0.106	-0.211	-0.054	0.101	-0.083	-0.081	0.140	0.189	0.334*	
13 日本本社GL*充足度 (α=.815)	2.5000	1.00803	-0.076	0.077	0.119	-0.085	0.108	0.115	0.232†	0.012	-0.001	0.360**	-0.203	-0.088

* GL：グローバルリーダー

(注) †；p＜.10，*；p＜.05，**；p＜.01，***；p＜.001

No.3, pp.34-43.

石田英夫（1982）「日本型ヒューマン・リソース・マネジメント―過程と構造―」『日本労働協会雑誌』12 月号，第 285 号，13-22 頁。

石田英夫（1999）『国際経営とホワイトカラー』中央経済社。

石原直子（2013）「タレントマネジメントの本質―日本企業がまなぶべきポイントに着目して―」『Works Review』Vol.8, 100-113 頁。

柿沼英樹（2015）「企業におけるジャストインタイムの人材配置の管理手法の意義―人的資源管理論でのタレントマネジメント論の展開―」『経済論叢（京都大学）』第 189 巻第 2 号，49-60 頁。

金井壽宏（2005）『リーダーシップ入門』日経文庫。

経営学史学会編（2012）『経営学史事典（第 2 版）』文眞堂。

白木三秀編著（2014）『グローバル・マネジャーの育成と評価』早稲田大学出版部。

日本能率協会（2015）「2014 年度 第 36 回 当面する企業経営課題に関する調査―企業の経営課題調査 [事業開発編] 事業創造活動の仕組みづくり，および [組織人事編] グローバル経営を担うリーダー育成 調査結果」《http://www.jma.or.jp/news/release_detail.html?id=295》（2017 年 12 月 14 日閲覧）。

林　吉郎（1994）『異文化インターフェイス経営』日本経済新聞社。

三隅二不二（1978）『リーダーシップ行動の科学』有斐閣。

（島田善道）

エピローグ

日本の人事システムの変貌と今後の行方
―組織志向と市場志向の止揚―

─ 本章のねらい ─

　本書のテーマは「グローバル市場主義」の進展に伴う「日本型人事システム」の変貌の実態と論理を捉えることであった。われわれが見出したことは，1980年代から1990年代かけて組織志向のオールドディールから市場志向のニューディールへ直線的に変化していったアメリカ企業の動きに，日本企業が「後追い」（copy）しているとは言えないということである。本書全体を通した要約的結論は，組織志向の極に位置する旧来の日本型人事システムは，組織志向と市場志向を止揚するハイブリッド型へ進化しつつあるということである。その主たる特徴は，「エンプロイヤビリティ重視」と「個別化された能力開発」という人事ポリシーの併存，職能資格制度と職務等級制度が混淆した役割等級制度，人事権のライン分権化と人事部による人事情報の収集蓄積であった。組織志向と市場志向を併せ持つのがハイブリッド型人事システムの精髄である。組織志向と市場志向を環境適合的にいかに止揚していくのか。そうした観点で試行錯誤を繰り返しながら，日本の人事システムはこれからも進化していくであろう。

1. はじめに

　グローバル市場主義とは，プロローグに書いた通り，英米発の新自由主義経済政策とともに勃興してきた市場原理の思想や発想法を指す。その背景には経済活動のグローバル化とデジタル情報通信技術の劇的な進展があった。他方，日本型人事システムとは，第1章で詳述したように，高度経済成長期（1960～1974年）に原型がつくられ，安定成長期（1975～1996年）に全面的に展開を遂げた日本の中堅・大企業に特徴的な人事システムであった（仁田・久本編，2008）。具体的には，終身雇用保障，企業特殊的総合能力に長けた総合職の内部育成，組織のインターナルバランスを考慮した人・能力主義の職能資格制度，社員個別の人事異動に関与する強い人事部が補完的に結合する「組織志向」の人事システムであった。これは英米のアングロサクソン型，すなわちエンプロイヤビリティ保障，一般的専門能力に長けたスペシャリストの獲得，市場相場賃金（マーケット・ペイ）サーベィに準拠した職務等級制度，人事権を行使する強い上司が補完的に結合する「市場志向」の人事システムと対置される。本書全体を通して見出されたことは，日本型人事システムの今日的特徴は，日本型とアングロサクソン型，換言すれば組織志向と市場志向が混淆したハイブリッド型ということである。

　人事システムは市場経済の動向に大きく影響を受ける。このエピローグでは，日本とアメリカのマクロ経済と人事システムの変貌について，主として1990年代以降現在に至るこの30年間を振りかえり，グローバル市場主義の進展が日本型人事システムにどのような影響を与えたのかあらためて整理する。そのうえで，本調査プロジェクトから得られた知見を総合しつつ，組織志向と市場志向の止揚という観点から，日本型人事システムの今日的特徴を整理し今後の行方を展望してみることにしよう。

2. アメリカの人事システムの変貌 [1]

　1970年代のアメリカでは，安定的な経済成長の下，企業の内部労働市場は多くの点で日本のそれと意外にも類似しており，日本ほどとは言えないまでもホワイトカラーの従業員を終身雇用のように取り扱っていた（Jacoby, 1997; Osterman, 1999）。しかし1978年に第2次石油危機が起きると，個人消費や住宅投資等の家計支出が鈍化した。1980年代のアメリカは輸出が伸び悩み，在庫調整が本格化し，景気後退が鮮明となった。経営者はこの困難な不況をリストラやレイオフあるいはダウンサイジングと呼ばれる手法によって乗り越えようとした。ダウンサイジングとは，成績不振以外の理由で従業員を解雇し，雇用の純減を図ることである。これらに加え，臨時雇用，アウトソーシング，即戦力重視の中途採用，業績給などの導入が流行し，アメリカ企業の内部労働市場に著しく市場原理が浸透した。何よりも「自由」を建国の理念とし，市場が果たす機能を信奉する思想がもとより根強かったアメリカでは，市場による調整システムが組織内部において適用されることに，さほど大きな抵抗感はなかったのである。

　1990年代になると景況が好転する。マルチメディアやデジタル情報通信の劇的な発展によってアメリカ企業の労働生産性は飛躍的に向上した。規制から解放された金融市場は世界中からマネーを集め，革新的なビジネスのアイデアと旺盛な起業家精神をもつ若者に潤沢な資金が提供された。ガレージで産声をあげたITベンチャーが瞬く間にグローバル企業に成長していった。その代表がGAfaである [2]。

　しかし，アメリカの成功は「雇用なき経済再生」（jobless recovery）とも呼ばれるように，長期に及ぶ好況期においてもダウンサイジングが継続された。このとき，1980年代はじめは対象外であった長い在職期間を持つ男性管理職もダウンサイジングの対象となった。「長期雇用と十分な諸給付の提供をこれまで誇ってきた企業—コダック，デジタル・イクップメント，IBM—も，数千

人もの従業員を解雇し，中間管理職に暗黙裡に約束していた生涯に及ぶキャリア型の仕事をシュレッダーにかけたのである」(Jacoby, 2005, p.92, 邦訳 153 頁)。ここにおいてアメリカの伝統的な雇用関係は，市場原理に基づく雇用契約にとって代わり，雇用保障，終身雇用，定期昇給，安定賃金といった組織志向の雇用契約（オールドディール）は終焉の時を迎えた。新たな雇用契約（ニューディール）への変化をいち早く俯瞰したピーター・キャペリは，著書「The New Deal at Work（雇用の未来）」(Cappelli, 1999) で，アップル社の「アップル・ディール」を紹介している。

　　アップルがあなたたちに提供するディール，アップルがあなたたちに期待することはここに記すとおりである。われわれは，あなたたちの在職中に素晴らしい旅をプレゼントしよう。他では決して学ぶことができないようなことをあなたたちに教えてあげよう。そのかわり・・・・・ここにいる限りはとにかく猛烈に働き，われわれのビジョンを受け入れてほしい・・・・・われわれはあなたたちを終身にわたって雇用することに関心はない。われわれが意図しているのはそういうことではなく，多分それは永久には続かないだろうが，お互いに好機を提供し合うことである (Cappelli, 1999, p.26, 邦訳 50 頁)。

アメリカ企業は，グローバル市場主義の進展とともに，雇用保障を放棄し，人材の補強を外部採用（Buy）に頼った。組織が確実に保障してくれるのはエンプロイヤビリティ（雇われ続ける能力）だけという雇用関係がごく当たり前になったのである (Pfeffer, 1998)。

なお，エンプロイヤビリティには内的と外的の 2 種類がある。日本経営者団体連盟の定義によれば，内的エンプロイヤビリティとは「現在働いている企業等の中において発揮され，継続的に雇用されることを可能にする，当該企業内部での価値を有する能力」であり，外的エンプロイヤビリティとは「他の企業への労働移動を可能にする外部に通用する市場価値のある能力」である（日本経営者団体連盟, 1999）。アメリカ企業で重視されるのは，後者の外的エンプロイヤビリティである。

3. 日本の人事システムの変貌

　他方，日本では平成の30年間（1989〜2019年）のうち，はじめの数年（いわゆるバブル期）とおわりの数年（いわゆるアベノミクス景気）を除くおよそ20年は経済が低迷した時期であった。いわゆる「失われた20年」である。1991年，日本経済は金融引き締めとそれに続く株価と地価の下落および需要縮減と供給過剰によって停滞期に突入した。いわゆる「バブル崩壊」である。低迷するマクロ経済の雇用への悪影響が顕在化したのは1997年から1998年にかけてであった。この時期はアジア通貨危機とも相まって山一證券，北海道拓殖銀行，日本長期信用銀行など金融機関の大型倒産が続いた。時代は平成雇用不況期に突入し，日本型人事システムの根幹であった雇用保障や内部育成に対する心理的契約に動揺が走った。

（1）　非正規雇用労働者の基幹化と市場志向の浸透

　2002年から2007年にかけては，製造業の売上高付加価値率（売上に対する「営業利益，人件費，減価償却費の合計」の比率）が低下した。しかし，売上高営業利益率は2002年を底として上昇に転じた。つまり日本企業の経営者は乾いた雑巾を絞るように人件費を削減することによって利益を捻出した。

　人件費削減の主たる手段は，正社員を時間当たりコストの低い非正規雇用労働者（以下，非正社員）に代替すること，すなわち非正社員の量的基幹化であった。Doeringer and Piore（1971）が嚆矢となった労働市場論では，主に大企業で観察される手厚い雇用保障，キャリア形成機会の提供，公正な評価と処遇が行われる内部労働市場と，企業内労働市場の下層や外部で観察される低賃金で雇用保障がなく仕事を通じた学習機会の乏しい外部労働市場が分断して存在するという二重労働市場仮説が展開されてきた（例えば，石川，1991）。

　日本でも企業の中核部門は正社員によって構成される一方，周辺部門には非

正社員が配置され，非正社員を解雇規制の枠外において景気変動のショックアブソーバーとする労働デュアリズムが拡大した。つまり正社員と非正社員には異なる人事管理が適用された。すなわち正社員が職務の結びつきの弱い職能資格制度と職能給で処遇されたのに対し，非正社員の賃金（時給）はそれぞれの職種の地域相場によって決まった。時給はしばしばシングルレートで，査定はない。その水準はその職務の地域労働市場における需給バランスと地域最低賃金に大きく左右される（稲上，2016）。換言すれば正社員の人事管理は組織志向であったのに対し，非正社員には市場志向の人事管理が適用された。

　2000 年代に入ると非正社員の活用は量的基幹化から質的基幹化へと進んでいった。質的基幹化とは，それまでもっぱら正社員が担っていた難度の高い仕事や責任あるポストを非正社員へ任せていくことにより，非正社員の業務を質的に向上させることである。その結果，正社員と非正社員の役割分担は曖昧になり，両者の処遇格差が顕在化することとなった。これが，いわゆる「同一労働同一賃金」の問題である。それへの対応として，非正社員に対する市場志向と正社員の組織志向の人事管理を混淆したハイブリッドな雇用区分を新設する企業が増加していくこととなった（平野，2009）。

　こうした動きは，2013 年 4 月に施行された「労働契約法の一部を改正する法律」によって後押しされることとなる。改正労契法のポイントは，同一の使用者との間で，有期労働契約が通算で 5 年を超えて反復更新された場合，企業は労働者の申込みにより無期労働契約に転換しなければならないところにある。その結果，無期雇用へ転換するが処遇はこれまでと変えないという「無期雇用非正社員」が誕生した。さらに，そうした無期雇用非正社員の正社員への転換の受け皿として，組織都合の拘束性（職種転換，転勤，残業）を免れた「限定正社員制度」を新設する企業が増加した（第 5 章を参照）。こうした新たな雇用区分に適用された人事制度が，組織志向と市場志向を併せ持つ「ハイブリッド型」人事制度の典型である（平野，2010）。

(2) 事業展開のグローバル化と市場志向の浸透

　2000年代は円高が進み日本企業のグローバル化が進展した時期でもあった。図表 E-1 はこの四半世紀の日本企業の「海外直接投資」[3]の推移である。2009年の一時的落ち込みは，その前年に起きた世界同時不況（いわゆるリーマンショック）の影響であるが，2000年代後半から日本企業の海外直接投資は増勢に転じている。これは，日本企業が中国や東南アジア諸国へ生産拠点を移転し，同時に新たな成長を目指して海外マーケットを開拓していったことを意味している。

　グローバル化の進展に伴う重要な経営課題は，日本本社と海外現地法人の機能分担と権限の配置のバランスをいかにとるかという問題である。すなわち「グローバル統合」と「ローカル適応」の同時達成である（Bartlett and Ghoshal, 1993）。様々な国の人々が働く多国籍化した企業は，本国・現地にかかわらず，最適な人材を世界中の拠点や子会社で活用しようとする。先進的な多国籍企業では，グローバル・グループレベルでキャリア開発が行われ，そのキャリア開

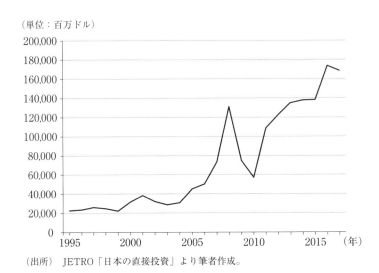

図表 E-1　日本企業の海外直接投資

（出所）　JETRO「日本の直接投資」より筆者作成。

発のプラットフォームとなる人事・処遇制度が改革されるようになった。こうした取り組みは国際的人事管理（International Human Resource Management）と呼ばれるが，海外現地法人においては，日本型人事システムとアングロサクソン型人事システムの接合を模索する動きが強まった。それは日本本社の「内なる国際化」[4)を促し，日本型人事システムに市場志向が浸透することになった。

　しかし，非正社員の質的基幹化や事業展開のグローバル化が進んでも，経営者は正社員の長期安定雇用に対して高いメリットを見出している。労働政策研究・研修機構（JILPT）が2014年に実施した調査によれば，正社員の雇用方針および人材育成の方針に対して，今後も「長期雇用を維持する」スタンスの企業が9割近くにのぼる一方，「柔軟に雇用調整していく」は僅か2％に過ぎない。また教育訓練の方針については，「従業員に教育訓練を行うのは企業の責任である」と考える企業が8割超で，「教育訓練に責任を持つのは従業員個人である」とする企業は4％に過ぎない（労働政策研究・研修機構，2015）。こうした調査結果に鑑みると，知識や資源（を持つ人材）の内部蓄積に重点を置くという日本的経営のコアは，それなりに堅持されているようにみえる。

　ただし，高度な専門性をもつ特定分野のスペシャリストを外部労働市場からスポット的に確保するニーズも着実に高まってきている。より直近の2018年に実施されたJILPTの調査（労働政策研究・研修機構，2018）によれば，「人材マネジメントや従業員の能力開発に関する企業の考え方」において，「ゼネラリスト・内部人材育成」を重視する企業が主流だが（39.8％），その対極にある「スペシャリスト・外部人材の採用」を重視する企業も15.9％と決して少なくないのである（図表E-2）。こうした点から，日本型人事システムは着実に市場志向の要素を取り入れつつあるといえるであろう。

エピローグ　日本の人事システムの変貌と今後の行方　159

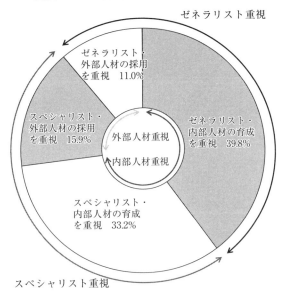

図表 E-2　人材育成に対する企業の考え方

（出所）　厚生労働省「平成 30 年度 労働経済の分析（要約版）」より。

4. ハイブリッド型人事システムへの転換

　本書全体を通して言えることは，日本型人事システムは組織志向から市場志向への連続線上を，市場志向を極とする方向へ緩慢に移行しつつあるということである。こうした結論は，UCLA（カリフォルニア大学ロサンゼルス校）の雇用システム研究者である Jacoby（2005）が，日米それぞれの企業の人事担当役員を対象に，2001 年に行った質問票調査の分析結果とも合致するものである。
　しかし，それから 18 年経過した今回（2018 年）の調査で，われわれが新たに見出したことは，1980 年代から 1990 年代かけてオールドディール（組織志向）からニューディール（市場志向）へ直線的に変化していったアメリカ企業の動きに，日本企業が「後追い」（copy）しているとは言えないということである。本書の要約的結論は，組織志向の極に位置する日本型人事システムは，組織志

向と市場志向を止揚するハイブリッド型に進化したということである。ここで「止揚」とは、哲学者ヘーゲルに倣い、矛盾する諸要素を、対立と闘争の時間的経過を通じて発展的に合一することを指している。すなわち日本企業は、組織志向と市場志向という一見矛盾する人事システムの諸要素を試行錯誤しながら発展的に混淆し、合一させていったのである。

その内実を以下にように整理しよう。まず便宜上、「旧来の日本型人事システム」（以下、J型人事システム）に対して、われわれが見出した現下の人事システムをハイブリッド型人事システムと呼ぼう。また比較対象として、市場志向の極に位置する「アングロサクソン型人事システム」（以下、A型人事システム）を念頭に置く。

まずハイブリッド型人事システムの特徴を捉えるために、その構成要素を概念上3つに分ける。人事ポリシー、人事制度（社員格付け制度）、人事部の役割である。これらの構成要素の定義は第1章と第2章で述べているので、あらためて確認されたい。結論を先取りして図解すれば図表E-3のようになる。

図表E-3　組織志向と市場志向を止揚する日本型人事システムの進化型

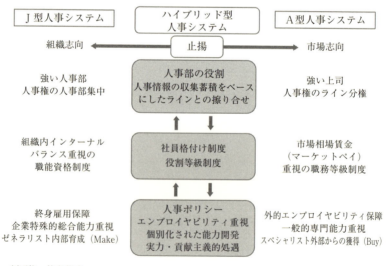

（出所）　筆者作成。

（1）エンプロイヤビリティ・パラドックスの解消

　本調査でわれわれが見出した現下の日本企業の人事ポリシーは，「エンプロイヤビリティ重視」「個別化された能力開発」「実力・貢献主義的処遇」の3つであった（第2章参照）。一方，J型人事システムの人事ポリシーのコアは「終身雇用保障」と「企業特殊的総合能力重視」および「ゼネラリスト内部育成」（Make）であり，そこでは「会社に対し忠誠心をもって献身的に働けば，定年まで雇用は保障される」という心理的契約が成立していた。

　他方，A型人事システムの人事ポリシーは，「外的エンプロイヤビリティ保障」と「一般的専門能力重視」および「スペシャリストの外部からの獲得」（Buy）である。外的エンプロイヤビリティ保障とは「企業が雇用保障を約束できなくなった代わりに，他社でも通用する一般的専門能力を高めるようなキャリア開発を支援する」ことである。

　こうしたA型人事システムは，「エンプロイヤビリティ・パラドックス」を生み出す。すなわち他社で使える市場横断的な一般的専門能力を開発すれば，結果的に従業員の転職を促し，人的資本投資が無駄になるという矛盾である（Veiga, 1983）。エンプロイヤビリティ・パラドックスを回避する方法は，逆説的であるが，いっそう従業員の能力開発に取り組み，「エンプロイメンタビリティ」（雇われる側からみて「魅力ある企業」だと評価される雇用主の能力）を高めることである（山本, 2014）。本調査でわれわれが見出したことは，「エンプロイヤビリティ重視」と従業員の働きがいの関係は，「個別化された能力開発」が強く志向されるほど，否定的なものから肯定的なものに転化するということであった（第2章参照）。ハイブリッド型人事システムでは，「エンプロイヤビリティ重視」（市場志向）とともに，個人の育成ニーズをよく吟味して行う「個別化された能力開発」（組織志向）を並列的に取り組むことで，エンプロイヤビリティ・パラドックスに効果的に対処することが可能となる。

　また，外的エンプロイヤビリティ（転職市場で価値の高い一般的専門能力）と内的エンプロイヤビリティ（当該企業で活躍し続けることのできる企業特殊的総合能力）の間には，プラスの相関関係がある（山本, 2014）。市場性が高い

従業員のリテンションを図るためには，内的・外的エンプロイヤビリティを代替的でなく補完的に高める仕事機会を提供し，実力に応じた報酬や地位を提供していくことが重要である。「実力・貢献主義的処遇」は，そうした観点から有効なのである。

（2）　組織志向と市場志向を止揚する役割等級制度

　平成不況期における日本企業の人事改革は，外部労働市場において正社員の職務ごとの相場が十分に形成されているとは言えないなか，正社員の処遇の決定に際して，製品市場（売上，収益），資本市場（株価）から発せられる価格情報＝サインを人事制度にどのようにルールとして落とし込むのかという課題から出発した（石田・樋口，2009）。役割等級制度を採用すれば，賃金は他社で同様の仕事をしている人と比較考量しやすくなる。その結果，賃金決定原理に，市場横断的な能力評価と賃金水準の市場相場が加味されるようになる。

　さらに，役割等級制度は職務定義に能力規定を組み込む柔軟性が担保されている。したがって，たとえ職務が変わらなくても，能力伸長とそれに伴うジョブサイズの拡張が認められることになれば昇級することも可能である。すなわち，われわれが見出したのは，組織内バランスを重視して能力主義で設計する職能資格制度（組織志向）と，職務毎の賃金の市場相場（マーケットペイ）を重視する職務等級制度（市場志向）という，一見対立する社員格付け制度の設計原理を止揚する役割等級制度を，日本企業が編み出したことであった。

（3）　人事権のライン分権と人事部による人事情報の収集蓄積

　人事部の役割について，われわれが見出したことは役割等級制度を採用するのであれば人事権はラインに分権化したほうがよいということである。しかし，同時にわかったことは，社員個別の粘着的人事情報は従前どおり，もしくはそれ以上に人事部に収集蓄積されているということであった。

　市場の価値を処遇に反映する社員格付け制度と「強い人事部」は，補完的で

はない。市場の価値を評価できるのは，人事部ではなくライン（上司）であるからである。しかし「強い人事部」を「強い上司」に置き換えるだけでは，適材適所のキャリア開発を進めることは難しい。ハイブリッド型人事システムでは，人事権はライン上司に委譲されるものの（市場志向），社員個別の人事情報については人事部がきめ細かく収集蓄積している（組織志向）。そのうえで人事部とライン上司が緻密に擦り合せを行いながら，適材適所の異動（キャリア開発）を実現していくことが有効なのである。

　J型人事システムのもとでは，人事権を持つ人事部が異動にイニシアチブを発揮していた。しかし，ハイブリッド型人事システムのもとでは，適材適所の要諦は，雇用される側が主体的にキャリアを選択していく「キャリア自律」である。すなわち，ハイブリッド型人事システムにおける人事部の役割は，従業員一人ひとりの Will（キャリア目標）を経営のニーズとうまくつなげることである。それと同時に従業員のキャリア自律意識を高めていくことが重要である。そこから，戦略や職務内容に精通し，同時に社員個別の強みやキャリア目標を知悉した人事部スタッフがキャリアコンサルティングを施すことが有効となる。日本企業の人事部が，人事権を手放してもなお人事情報を収集蓄積することの経営上の意義はこの点に認められる。

5. む　す　び

　本書が特定したハイブリッド型人事システムの特質は，上述した通りであるが，その組織文化もまた，市場志向と統制志向の異なるタイプを包含した混合形態である（第3章参照）。昨今喧しいグローバルリーダーの育成という新たな課題についても，組織志向と市場志向を止揚するという観点から整理できる（第6章参照）。またハイブリッド型人事システムは，「意思決定プロセスへの参画を通した管理職育成」（第4章参照）という組織志向のJ型人事システムの特質を踏襲しつつも，市場志向の「多様な人材の活躍を促す働き方改革」（第5章

参照）を包含する形で進化してきている。

　では，本書が特定したハイブリッド型人事システムは果たしてベストな選択なのであろうか。あるいは別の類型に至る過渡期にあると理解されるべきものであろうか。この問題に回答を与えるためには，環境（技術，競争，規制，顧客）と業績の関係における最適な組織モードが今後どのように変化していくのかを精確に予測することが必要不可欠となる。そうした予測が困難であるとするならば，日本と英米の異なる組織モードは，どちらも内外のシステムと補完性を維持するように微修正を加えながら複数の均衡を構成していくことになるであろう。そのうえで，あらためて強調すべきは，日本企業の人事システムの精髄は組織志向と市場志向のハイブリッド化にあるということである。組織志向と市場志向の矛盾をいかに止揚するのか。日本型人事システムは，環境変化に適応しつつ，両者を止揚するための試行錯誤を繰り返しながら，今後も進化していくというのが，本書の結論である。

＜注＞

1) 第1節の記述は，平野（2016）に依拠している。
2) グーグル（Google），アップル（Apple），フェースブック（facebook），アマゾン（amazon）の4社の総称。世界中のユーザーが4社のプラットフォーム上のサービスを利用している。
3) 海外直接投資とはある国の企業が海外で現地法人を設立したり，既存の外国企業の株式の一定割合を取得したりして，その経営に参加するために行う国際資本移動を指す。
4) 本社の「内なる国際化」とは，外国人が本社で積極的に活動できるようになることである。具体的には研究者やエンジニアなどの専門職や管理職などの活用を進めるべく，企業文化をグローバル化し人事システムを変革することである。

＜参考文献＞

Bartlett, C. A. and Ghoshal, S.（1993）*Managing across Borders: The Transnational Solution*. Boston, Mass: Harvard Business School Press.（吉原英樹監訳『地球市場時代の企業戦略―トランスナショナル・マネジメントの構築―』日本経済新聞社, 1990年。）

Cappelli, P.（1999）*The New Deal at Work: Managing the Market-Driven Workforce*, Boston, Mass: Harvard Business School Press.（若山由美訳『雇用の未来』日本経済新聞社, 2001年。）

Doeringer, Peter B. and Michael J. Piore（1971）*Internal Labor Market and Manpower Analysis*, Lexington, Mass.: D.C. Health and Company.

Jacoby, S.（1997）*Modern Manors: Welfare Capitalism in Since the New Deal*, Princeton, N.J.: Princeton University Press.（内田一秀・中本和彦・鈴木良始・平尾武久・森杲訳『会社荘園制―アメリカ型ウェルフェア・キャピタリズムの軌跡―』北海道大学図書刊行会，1999 年。）

Jacoby, S.（2005）*The Embedded Corporation*, Princeton, N.J.: Princeton University Press.（鈴木良始・伊藤健市・堀龍二訳『日本の人事部・アメリカの人事部―日米企業のコーポレートガバナンスと雇用関係―』東洋経済新報社，2005 年。）

Osterman, P.（1999）*Securing Prosperity: The American Labor Market*, Princeton, N.J.: Princeton University Press.（伊藤健一・佐藤健司・田中和雄・橋場俊展訳『アメリカ・新たなる繁栄へのシナリオ』ミネルヴァ書房，2003 年。）

Pfeffer, J.（1998）*The Human Equation: Building Profits by Putting People First*, Boston, Mass: Harvard Business School Press.（守島基博監修・佐藤洋一訳『人材を活かす企業―「人材」と「利益」の方程式―』翔泳社，2010 年。）

Veiga, J. F.（1983）"Mobility influences during managerial career stages," *Academy of Management Journal*, 26, pp.64-85.

石川経夫（1991）『所得と富』岩波書店。

石田光男・樋口純平（2009）『人事制度の日米比較―成果主義とアメリカの現実―』ミネルヴァ書房。

稲上　毅（2016）「同一労働同一賃金論に寄せて」『日本労働研究雑誌』No.676, 78-82 頁。

厚生労働省（2018）『平成 30 年版 労働経済の分析（要約版）』《https://www.mhlw.go.jp/wp/hakusyo/roudou/18/18-2.html》（2019 年 2 月 22 日閲覧）。

日本経営者団体連盟（1999）『エンプロイヤビリティ確立を目指して―従業員自律・企業支援型の人材育成を―』日本経営者団体連盟教育研修部。

日本貿易振興機構（JETRO）「直接投資統計」《https://www.jetro.go.jp/world/japan/stats/fdi.html》（2019 年 2 月 22 日閲覧）。

仁田道夫・久本憲夫編（2008）『日本的雇用システム』ナカニシヤ出版。

平野光俊（2009）「内部労働市場における雇用区分の多様化と転換の合理性―人材ポートフォリオ・システムからの考察―」『日本労働研究雑誌』No.586, 5-19 頁。

平野光俊（2010）「三層化する労働市場―雇用区分の多様化と均衡処遇―」『組織科学』第 44 巻, 第 2 号, 30-43 頁。

平野光俊（2016）「フェファー『人材を活かす企業―「人材」と「利益」の方程式―』」『日本労働研究雑誌』No.669, 60-63 頁。

山本　寛（2014）『働く人のためのエンプロイアビリティ』創成社。

労働政策研究・研修機構編（2015）「「人材マネジメントのあり方に関する調査」および「職業キャリア形成に関する調査」結果」『JILPT 調査シリーズ』No.128。

労働政策研究・研修機構編（2018）「多様な働き方の進展と人材マネジメントの在り方に関する調査」『JILPT 調査シリーズ』No.184。

（平野光俊・上林憲雄）

補　録

A）「人材マネジメントの新展開」調査研究プロジェクト
B）アンケート調査の協力依頼状
C）アンケート調査票
D）集計結果（調査報告書）

A）「人材マネジメントの新展開」調査研究プロジェクト

上林憲雄	（神戸大学大学院経営学研究科 教授）：研究代表
平野光俊	（神戸大学大学院経営学研究科 教授）
江夏幾多郎	（名古屋大学大学院経済学研究科 准教授）
余合　淳	（名古屋市立大学大学院経済学研究科 准教授）
庭本佳子	（神戸大学大学院経営学研究科 准教授）
島田善道	（神戸大学大学院経営学研究科 博士課程後期課程）
浅井希和子	（神戸大学大学院経営学研究科 博士課程後期課程）

注：所属と職位は調査当時のもの。

B）アンケート調査の協力依頼状

「人材マネジメントの新展開」に関する調査
ご協力のお願い

謹啓

　時下，ますますご清祥のこととお慶び申し上げます。

　この度，日本能率協会（JMA）は神戸大学と共同で新しい人材マネジメントの動向に関する調査を企画いたしました。

　この調査は日本学術振興会の科学研究費助成研究の一環として，各社の人事部長様を対象に，グローバリゼーション，ダイバーシティー，働き方改革など，昨今の人材マネジメントをめぐる新たな課題，施策について各社の現状，考え方をお尋ねし，日本における企業の人材マネジメントの動向，今後の変化の方向性を調査・研究することを目的としております。

　ご多忙のところ大変恐縮ですが，何卒ご協力を賜りますようお願い申し上げます。

　調査結果は調査報告書にまとめて，ご希望される方に無償で提供させていただきますとともに，シンポジウム，学会，学術誌等で発表させていただく予定です。

　尚，ご記入いただいた回答はすべて統計的に処理され，個別の企業，個人が特定される形で公開されることはございません。

　ご回答内容および個人情報はすべて，日本能率協会と神戸大学の情報管理規定に従い，責任をもって適切に管理いたします。

　末筆ながら，皆様のご健勝を心よりお祈り申し上げます。

敬白

2017 年 5 月吉日

【人材マネジメントの新展開調査事務局】
一般社団法人　日本能率協会（JMA）
KAIKA センター　JMA マネジメント研究所
URL http://www.jma.or.jp/
〒 100-0003 東京都千代田区一ツ橋 1-2-2
住友商事竹橋ビル14階
担当：畑野，近田
TEL: 03-3434-0380
FAX: 03-3434-6330
Mail: jmalab@jma.or.jp

神戸大学および日本能率協会の個人情報管理規定の詳細につきましては，以下をご覧ください。
・神戸大学公式ページの個人情報保護指針
　　http://www.office.kobe-u.ac.jp/plan-rules/act/frame/frame110000425.htm
・（一社）日本能率協会の個人情報保護方針
　　http://www.jma.or.jp/privacy/

C）アンケート調査票

科学研究費助成調査「人材マネジメントの新展開」
「人材マネジメントの新展開」に関する調査
ご記入にあたってのお願い

人事部長様がお答えください。

1. ご回答には 20 分程度必要です。
2. ご回答には，［・適当な数字に○をつけていただくもの］があります。
   ［・□や（ ）に具体的にご記入をいただくもの］
3. 支社，支店，工場，営業所，出張所などをふくめた会社全体についてお答えください。
4. 到着後 2 週間以内にご記入いただき，同封の返信用封筒にてご返送ください。
5. インターネットによる回答も受け付けております。下記 URL にアクセスいただき，指示に従ってご回答ください。
   （インターネットによりご回答いただいた場合は，郵送によるご回答は必要ありません。）

   URL：https://asurvey.jp/a/do.php?id=kobe-k
6. 調査結果をご希望の方には，結果がまとまり次第，報告書を無料でお送りいたします。この調査票の最終ページに，必要事項をご記入ください。

本調査は神戸大学と日本能率協会（JMA）の共同で行っています。この調査について，ご不明な点がございましたら下記の調査事務局までお問合せください。

【調査担当の機関名】
神戸大学大学院経営学研究科
URL http://www.b.kobe-u.ac.jp/
［調査担当者］
上林憲雄（神戸大学教授）
平野光俊（神戸大学教授）
江夏幾多郎（名古屋大学准教授）
余合 淳（名古屋市立大学准教授）
庭本佳子（神戸大学准教授）
島田善道（神戸大学大学院）
浅井希和子（神戸大学大学院）

【人材マネジメントの新展開調査事務局】
一般社団法人 日本能率協会（JMA）
KAIKA センター JMA マネジメント研究所
URL http://www.jma.or.jp/
〒 100-0003 東京都千代田区一ツ橋 1-2-2
住友商事竹橋ビル 14 階
担当：畑野，近田
TEL: 03-3434-0380
FAX: 03-3434-6330
Mail: jmalab@jma.or.jp

補　録　171

Ⅰ．あなたの会社についてお尋ねします。

Q1．会社名（＿＿＿＿＿＿＿＿＿＿）　　　上場（　　　）　　　非上場（　　　）

Q2．創業年　　西暦　（＿＿＿＿＿）年

Q3．直近の決算時の貴社の年間売上高と，営業利益を以下にご記入ください。（子会社および海外現地法人を含む。）

(1)　総売上高　　　　　　　約＿＿＿＿兆＿＿＿＿億＿＿＿＿百万円

(2)　営業利益　　　　　　　約＿＿＿＿兆＿＿＿＿億＿＿＿＿百万円

(3)　海外売上高比率　　　（　　　　　　　　　）％

Q4．従業員の構成についてお答えください。

(1)　国内の正規社員数　　　　　　　　　　　約（　　　　）人

(2)　国内の非正規社員数（直接雇用者のみ）　約（　　　　）人

(3)　海外の全従業員数　　　　　　　　　　　約（　　　　）人

(4)　国内の正規社員における外国人社員数　　約（　　　　）人

(5)　全正規従業員における女性比率　　　　（　　　　）％

(6)　管理職層における女性比率　　　　　　（　　　　）％

(7)　正規従業員の年齢構成

30歳未満（　　　）％　　　30歳代（　　　）％　　　40歳代（　　　）％

50歳代（　　　）％　　　60歳以上（　　　）％

Q5．正規社員の平均勤続年数をご記入ください。（　　　　）年

Q6．業種（下の1から40までの中から一つ選んで○をつけてお答えください。）

＊複数の業種・事業にまたがっている場合は，最も売上高の大きい業種の数字に○をつけてください。

【製造業】

1. 食品製造業	2. 飲料・たばこ・飼料製造業	3. 繊維工業
4. 衣服・その他繊維製品製造業	5. 木材・木製品製造業（家具除く）	6. 家具・装飾品製造業
7. パルプ・紙・紙加工品製造業	8. 印刷・同関連業	9. 化学工業
10. 石油製品・石炭製品製造業	11. プラスチック製品製造業	12. ゴム製品製造業
13. なめし皮・同製品・毛皮製造業	14. 窯業・土石製品製造業	15. 鉄鋼業
16. 非鉄金属製造業	17. 金属製品製造業	18. 一般機械器具製造業

19. 電気機械器具製造業	20. 情報通信機械器具製造業	21. 電子部品・デバイス製造業
22. 輸送用機械器具製造業	23. 精密機械器具製造業	24. その他製造業

【非製造業】

25. 農業	26. 林業	27. 漁業
28. 鉱業	29. 建設業	30. 電気・ガス・熱供給・水道業
31. 情報通信業	32. 運輸業	33. 卸売・小売業
34. 金融・保険業	35. 不動産業	36. 飲食店・宿泊業
37. 医療・福祉	38. 教育・学習支援業	39. サービス業
40. その他非製造業		

Q7. 貴社の過去3年間（2014年度～2016年度決算）での業績の変化についてお尋ねします。

(1) 2014会計年度を100としたときの，昨年度（2016年度）の売上高

(2) 2014年度から2016年度の営業利益の変化について，最も当てはまる数字に○をつけてください。

1. 黒字拡大　　2. 黒字転換　　3. 赤字縮小　　4. 横ばい
5. 黒字縮小　　6. 赤字転落　　7. 赤字拡大

補　録　173

Ⅱ．従業員との関わり方における貴社のお考えに関連して，以下の問いにお答えください。

Q1．以下の項目のそれぞれの項目は，どの程度当てはまりますか。

	当てはまらない	どちらかといえば当てはまらない	どちらともいえない	どちらかといえば当てはまる	当てはまる
a．人事管理全体についての考え方					
（1）　人事管理のあらゆる活動を通じて，企業から従業員一人ひとりへの期待を明確に発信すべきである	1	2	3	4	5
（2）　従業員には，企業への貢献を眼に見える形で日々行うことを求めるべきである	1	2	3	4	5
（3）　現在～将来の戦略達成のため，従業員に提示する期待・仕事・報酬は，個人ごとで変えられるべきである	1	2	3	4	5
（4）　人材確保・組織強化のため，従業員の仕事上・生活上のニーズに柔軟に対応できる人事管理を目指すべきである	1	2	3	4	5
（5）　従業員には，自社のみならず幅広い企業で価値を持つような意欲や能力を蓄積・発揮することを求めるべきである	1	2	3	4	5
b．採用についての考え方					
（1）　応募者に対し，自社で働くことの魅力に加え，働くことで生じる困難も，包み隠さず伝えている	1	2	3	4	5
（2）　入社後の早い段階から即戦力として活躍できることを，選抜基準としている	1	2	3	4	5
（3）　現在～将来の経営戦略を念頭に人材要件を個別化・具体化し，それを満たす応募者を採用している	1	2	3	4	5
（4）　自らの仕事上・生活上のニーズを強く意識している応募者を，積極的に採用している	1	2	3	4	5
（5）　自社のみならず幅広い企業で価値を持つような意欲や能力を発揮しうる応募者を採用している	1	2	3	4	5
c．職務設計・配属についての考え方					
（1）　職務の内容や，職務遂行のために必要なことを，従業員一人ひとりに対して明示している	1	2	3	4	5
（2）　ある職務について，担当者の候補が複数出た場合には，必要な成果をすぐに出せそうな人を選ぶ	1	2	3	4	5
（3）　現在～将来の戦略達成という観点から，必要な職務を企業内に残し，従業員一人ひとりに職務を付与している	1	2	3	4	5

(4) 従業員の様々なニーズに対応するために多様な就労機会を整備し，ニーズに沿った配置を行っている	1	2	3	4	5
(5) 自社の職務を従業員がうまく遂行するためには，自社のみならず幅広い企業で価値を持つような意欲や能力が必要である	1	2	3	4	5

d．評価・報酬についての考え方

(1) 昇降格に関する基準は社内で公開されており，実際の昇降格の対象者には綿密なフィードバックを行っている	1	2	3	4	5
(2) 個人の属性に囚われず，現時点の実力や成果の大小に応じた評価や報酬を，全ての従業員に与えている	1	2	3	4	5
(3) 個人の属性に囚われず，現在～将来の戦略達成への貢献度の違いに応じた評価や報酬を，全ての従業員に与えている	1	2	3	4	5
(4) 昇降格に関する判断を行う時には，従業員の仕事上・生活上の様々なニーズを考慮に入れている	1	2	3	4	5
(5) 自社のみならず幅広い企業で価値を持つような力を保有・発揮しているか否かを，従業員の昇降格の基準としている	1	2	3	4	5

e．能力開発についての考え方

(1) 蓄積・発揮しなければいけない能力，それが取得できる機会について明確に定義し，従業員に伝えている	1	2	3	4	5
(2) 従業員が現在の仕事における成果を最大化できるよう，成長支援を行っている	1	2	3	4	5
(3) 現在～将来の戦略達成のために必要な能力を従業員一人ひとりに合わせて定義し，成長支援を行っている	1	2	3	4	5
(4) 従業員の仕事上・生活上のニーズを最大限満たすために必要な成長機会を見出し，成長支援を行っている	1	2	3	4	5
(5) 自社のみならず幅広い企業で価値を持つような能力を定義した上で，成長支援を行っている	1	2	3	4	5

補　録　175

Q2-a.　人事施策の立案・運用に影響を与えうる環境要因に関連して，以下の問い
　　　にお答えください。

	全く影響しない	影響しない	どちらとも言えない	影響する	大きく影響する
(1)　自社の従業員の意識や能力	1	2	3	4	5
(2)　企業の所有者（株主，出資者等）の意向	1	2	3	4	5
(3)　他社の人事管理上の取り組み	1	2	3	4	5
(4)　社外の人材市場の動向	1	2	3	4	5
(5)　情報技術の進展状況	1	2	3	4	5
(6)　人事管理に関わる法制度の動向	1	2	3	4	5
(7)　これまでの人事管理のあり方	1	2	3	4	5

Q2-b.　自社の従業員の意欲や能力を高めようとする際，以下の要因はどのように
　　　作用していますか。

	ネガティブに作用している	ややネガティブに作用している	どちらでもない	ややポジティブに作用している	ポジティブに作用している
(1)　企業の所有者（株主，出資者等）の意向	1	2	3	4	5
(2)　他社の人事管理上の取り組み	1	2	3	4	5
(3)　社外の人材市場の動向	1	2	3	4	5
(4)　情報技術の進展状況	1	2	3	4	5
(5)　人事管理に関わる法制度の動向	1	2	3	4	5
(6)　これまでの人事管理のあり方	1	2	3	4	5

Q3. 貴社の従業員について，以下の問いにお答えください。

	当てはまらない	どちらかといえば当てはまらない	どちらとも言えない	どちらかといえば当てはまる	当てはまる
(1) 有能な人材の自発的離職が，操業の足かせとなっている	1	2	3	4	5
(2) 幅広い従業員が，自分の能力に自信を持てている	1	2	3	4	5
(3) 幅広い従業員が，職務内容に満足している	1	2	3	4	5
(4) 幅広い従業員が，報酬に満足している	1	2	3	4	5
(5) 従業員一人ひとりの「その人らしさ」が，周囲から承認されている	1	2	3	4	5
(6) 従業員は会社が提供する報酬や仕事機会に納得している	1	2	3	4	5
(7) 従業員は会社が提供する報酬や仕事機会に見合う貢献をしている	1	2	3	4	5

Ⅲ. 貴社の競争力と経営環境についての考え方をお尋ねします。

Q1. 貴社は，業界（主力製品・サービス）において，ライバル他社に先がけて革新的製品を作り出しておられますか。

(1) そう思わない　　(2) あまりそう思わない　　(3) どちらともいえない

(4) 少しそう思う　　(5) そう思う

Q2. 貴社を取り巻く経営環境についてお尋ねします。

	当てはまらない	あまり当てはまらない	どちらとも言えない	やや当てはまる	当てはまる
(1) 他の業種に比べて，競合他社の戦略は予見しやすい	1	2	3	4	5
(2) 他の業種に比べて，需要や消費者のし好は予見しやすい	1	2	3	4	5
(3) 他の業種に比べて，自社製品・サービスに関する技術に大きな変化はない	1	2	3	4	5

補　録　177

Ⅳ．貴社のダイバーシティ（多様性）推進施策についてお尋ねします。

Q1.　労働時間の管理についてお尋ねします。
　⑴　2016年度の本社で働く総合職（非管理職）一人当たりの平均残業時間（月）

約（　　　　）時間

　⑵　本社で働く総合職（非管理職）一人当たりの平均残業時間（月）の増減見込み（対2016年度比）
　　1．20％以上減　　　2．20％減　　　3．10％減　　　4．同程度　　　5．10％増
　　6．20％増　　　　　7．20％以上増
　⑶　本社で働く総合職（非管理職）一人当たりの平均残業時間（月）の今年度（2017年）目標

（　　　　）時間程度

Q2.　従業員一人一時間当たりの労働生産性を同業他社と比べた評価についてお尋ねします。
　　1．低い　　　2．どちらかといえば低い　　　3．どちらともいえない
　　4．どちらかといえば高い　　　5．高い

Q3.　人員の充足度についてお尋ねします。
　⑴　正規社員の人手は足りていますか？
　　1．全く足りていない　　　2．どちらかといえば足りていない
　　3．ちょうどよい　　　　　4．どちらかといえば余っている
　　5．大いに余っている
　⑵　非正規社員の人手は足りていますか？
　　1．全く足りていない　　　2．どちらかといえば足りていない
　　3．ちょうどよい　　　　　4．どちらかといえば余っている
　　5．大いに余っている

Q4. 従業員の働きやすさ・働きがいに関する人事施策についてお尋ねします。

	導入していない	導入済み				
		ほとんど利用されていない	あまり利用されていない	どちらともいえない	ある程度利用されている	よく利用されている
(1) 女性活躍推進の専門部署	0	1	2	3	4	5
(2) 女性を対象としたキャリア教育	0	1	2	3	4	5
(3) 女性の職域拡大	0	1	2	3	4	5
(4) メンター（助言者・支援者）の指名	0	1	2	3	4	5
(5) 女性の教育的配置転換	0	1	2	3	4	5
(6) 女性を対象とした育児休業制度の法定を超える拡充	0	1	2	3	4	5
(7) 育児休業中の女性への職場復帰支援	0	1	2	3	4	5
(8) 育児介護等の支援（事業所内保育所，シッター補助等）	0	1	2	3	4	5
(9) 男性の育児休暇の取得推進	0	1	2	3	4	5
(10) ノー残業デー	0	1	2	3	4	5
(11) 労働時間短縮目標	0	1	2	3	4	5
(12) 有給休暇の取得率向上策	0	1	2	3	4	5
(13) 労働時間削減のための職務範囲の見直し策	0	1	2	3	4	5
(14) WLB（ワークライフ・バランス）実現のための時間管理	0	1	2	3	4	5
(15) 勤務地限定正社員制度	0	1	2	3	4	5
(16) 育児介護等を除く恒常的な短時間正社員制度	0	1	2	3	4	5
(17) 職種限定正社員制度	0	1	2	3	4	5
(18) テレワーク（在宅勤務）	0	1	2	3	4	5
(19) 専門職，企画職を対象とした裁量労働制	0	1	2	3	4	5
(20) フレックスタイム制	0	1	2	3	4	5
(21) サテライトオフィス等のモバイル勤務	0	1	2	3	4	5
(22) 事業場外みなし制度	0	1	2	3	4	5
(23) 変形労働時間制	0	1	2	3	4	5
(24) 勤務間インターバル規制	0	1	2	3	4	5
(25) 非正規従業員の正社員登用	0	1	2	3	4	5
(26) 働き方改革へのインセンティブ（残業削減に対する報奨金等）	0	1	2	3	4	5
(27) 管理する部下人数の見直しや組織再編	0	1	2	3	4	5
(28) 多様な働き方に対応した人事評価制度や昇進制度	0	1	2	3	4	5

補　録　179

Q5. 下記の社員に関する雇用・活用について，当てはまるところに○をつけて下さい。

	女性社員	シニア社員	外国人人材	中途採用社員	時間制約のある社員
(1)　社内の推進体制を組織として設置している					
(2)　相談窓口の設置，対象者に対する研修等のサポート体制を導入済みである					
(3)　管理職に対する研修等の取り組みを行っている					
(4)　ロールモデルやキャリアプランを社内で提示している					
(5)　雇用・活用方針について対外公表している					
(6)　優先的に採用し，比率を高めている					

V．評価報酬制度についてお尋ねします。

Q1. 正規社員の格付け（人事等級）・評価制度について，以下のそれぞれの項目はどの程度当てはまりますか。

	管理職					非管理職（一般社員）				
	当てはまらない	あまり当てはまらない	どちらでもない	やや当てはまる	当てはまる	当てはまらない	あまり当てはまらない	どちらでもない	やや当てはまる	当てはまる
社員格付け制度										
⑴ その人の能力・スキル（職務遂行能力）について等級が定められている	1	2	3	4	5	1	2	3	4	5
⑵ 担当する仕事（職務）の価値に基づいて等級が定められている	1	2	3	4	5	1	2	3	4	5
⑶ 仕事（職務）を遂行していく上で，本人に期待されている役割の価値に基づいて等級が定められている	1	2	3	4	5	1	2	3	4	5
⑷ 同じ職務であっても，担当する人物の能力や経験により等級が異なる場合がある	1	2	3	4	5	1	2	3	4	5
⑸ 特定の職務の賃金は市場相場に応じて適宜見直しされている	1	2	3	4	5	1	2	3	4	5
評価制度										
⑴ 従業員の目標は明確に定義されている	1	2	3	4	5	1	2	3	4	5
⑵ 従業員の目標は業務状況に応じて柔軟に変更・付加される	1	2	3	4	5	1	2	3	4	5
⑶ 目標の設定や達成度の評価において従業員の意見が十分に聴取・反映される	1	2	3	4	5	1	2	3	4	5

Q2. 非正規社員の格付け制度の有無についてお尋ねします。

　1．あ　り　　　　　2．な　し

Q3. Q2で「1．あり」と回答された方にお尋ねします。

　　正規社員格付け制度の非正規正社員への適応範囲は，次のいずれのうちどれに当てはまりますか。

　1．正規社員（非管理職）とすべての非正規正社員に同じ格付け制度が適応されている

　2．正規社員（非管理職）と一部の非正正規社員に同じ格付け制度が適応されている

　3．正規社員（非管理職）と非正規社員は全く異なる格付け制度が適応されている

補　録　181

Q4. 報酬（賃金）の決まり方についてお尋ねします。報酬（賃金）の決定において以下の項目が考慮される割合を％でお答えください。（おおよそで結構です。）

	正規社員				非正規社員
	管理職		非管理職（一般社員）		
	月例給	賞与	月例給	賞与	時(日)給
⑴　職業経験，スキル（職務遂行能力）	％	％	％	％	％
⑵　仕事（職務）の価値	％	％	％	％	％
⑶　勤続年数	％	％	％	％	％
⑷　個人業績・仕事の成果	％	％	％	％	％
⑸　所属するチーム（部課）の業績・成果	％	％	％	％	％
⑹　会社全体の業績	％	％	％	％	％
⑺　労働時間	％	％	％	％	％
⑻　その他	％	％	％	％	％
	100％	100％	100％	100％	100％

Ⅵ. 意思決定の制度についてお尋ねします。

Q1. 以下の事案について①提案・起案，②決定・決裁ができる最も下の職位はどこですか。

事案	①提案・起案できる職位					②決定・決裁できる職位				
	役員以上	部長クラス	課長クラス	係長・主任クラス	非管理職の一般職社員	取締役会（役員以上を含む）	部長クラス	課長クラス	係長・主任クラス	非管理職の一般職社員
⑴　中期経営計画，予算計画，経営資源の配分	1	2	3	4	5	1	2	3	4	5
⑵　新事業の立ち上げ，新市場への参入	1	2	3	4	5	1	2	3	4	5
⑶　指揮命令系統，各職務の権限，人員配置	1	2	3	4	5	1	2	3	4	5
⑷　施設・店舗の立地，流通経路，設備投資	1	2	3	4	5	1	2	3	4	5
⑸　生産計画，販売計画，在庫計画	1	2	3	4	5	1	2	3	4	5
⑹　原価，製品またはサービスの市場価格	1	2	3	4	5	1	2	3	4	5
⑺　日常業務における業務目標，作業手順	1	2	3	4	5	1	2	3	4	5

Ⅶ. 貴社の管理職育成についてお尋ねします。

Q1. 採用や教育などの人事施策や活動において，以下の項目はそれぞれどの程度重視されていますか。

	重視していない	あまり重視していない	どちらともいえない	やや重視している	重視している
(1) 長期雇用を前提とした社内での経営人材の育成	1	2	3	4	5
(2) 優秀な経営人材の外部からの獲得	1	2	3	4	5
(3) 多様な職能分野の人々を統括する管理者（ジェネラリスト）の育成	1	2	3	4	5
(4) 一定の職能分野での専門家（スペシャリスト）の育成	1	2	3	4	5
(5) 新卒採用における将来性のある人材の確保	1	2	3	4	5
(6) 必要に応じた中途採用による人材の確保	1	2	3	4	5
(7) 個人の成長を促す職位や職務への配置	1	2	3	4	5
(8) 各職務に最適なスキルを持つ人材の配置	1	2	3	4	5
(9) 経営理念や会社の不文律に精通した人材の育成	1	2	3	4	5
(10) 社外でも通用するスキルを持つ人材の育成	1	2	3	4	5

Q2. 会社が期待する貢献ができる管理職人材が，確保できているかどうかについてお尋ねします。

	全く確保できていない	どちらかと言えば確保できていない	どちらともいえない	どちらかと言えば確保できている	十分に確保できている
(1) 主任，係長クラス	1	2	3	4	5
(2) 課長クラス	1	2	3	4	5
(3) 部長クラス	1	2	3	4	5
(4) 役員以上	1	2	3	4	5

補　録　183

Ⅷ.　貴社の人事管理上のガバナンス構造についてお尋ねします。

Q1.　以下の人事管理上の各項目において，非管理職（一般従業員）の製品開発・
　　　ビジネスシステム・事業開発・業務開発部門（以下：開発部と呼びます）と人
　　　事部との権限関係はどのようになっていますか。

	開発部門が決定する	より開発部門の意向が尊重される	どちらともいえない	より人事部の意向が尊重される	人事部が決定する
(1)　開発部門配属の新規採用の選抜	1	2	3	4	5
(2)　開発部門の社員の賃上げ・賞与の枠（原資）の決定	1	2	3	4	5
(3)　開発部門の社員個別の人事考課の得点（ランク）の決定	1	2	3	4	5
(4)　開発部門の昇進・昇格者の枠（頭数）の決定	1	2	3	4	5
(5)　開発部門の教育訓練計画	1	2	3	4	5
(6)　開発部門に関わる労使関係の協定や協約の締結	1	2	3	4	5
(7)　開発部門の人員計画	1	2	3	4	5
(8)　開発部門内の異動や配置の決定	1	2	3	4	5
(9)　開発部門から異なる部門（職能）への異動や配置の決定	1	2	3	4	5
(10)　昇進・昇格対象者の決定	1	2	3	4	5

Q2. 管理職と非管理職（一般社員）の開発部門の社員の人事情報について人事部と開発部門は，それぞれどの程度知っていますか。

	【管理職層】					【非管理職（一般社員）層】				
	開発部の方がよく知っている	開発部の方がやや知っている	同じ程度	人事部の方がやや知っている	人事部の方がよく知っている	開発部の方がよく知っている	開発部の方がやや知っている	同じ程度	人事部の方がやや知っている	人事部の方がよく知っている
(1) 所属（部・課単位）歴	1	2	3	4	5	1	2	3	4	5
(2) これまでの人事考課歴	1	2	3	4	5	1	2	3	4	5
(3) これまでの職務経歴（過去にどのような仕事を担当してどのような成果をあげたか）	1	2	3	4	5	1	2	3	4	5
(4) 保有するスキル	1	2	3	4	5	1	2	3	4	5
(5) 本人のキャリア志向やキャリア目標	1	2	3	4	5	1	2	3	4	5
(6) 新しい職務において活躍する可能性	1	2	3	4	5	1	2	3	4	5
(7) 本人の強み・弱みといった人となり	1	2	3	4	5	1	2	3	4	5

Ⅸ．人事部についてお尋ねします。

Q1. 人事スタッフの多様性についてお尋ねします。

　⑴　人事スタッフに占める中途採用者は，約何％ですか。　　　　　　（　　　　）％

　⑵　人事部の部長職および課長職の中で，人事部以外から課長ポストに中途採用された人はどのくらいの比率を占めますか。　　　　　　　　　　（　　　　）％

　⑶　MBA 取得者比率は約何％ですか。　　　　　　　　　　　　　　（　　　　）％

　⑷　人事スタッフのうち，人事以外の職能（部門）を経験したことのある人材の比率はどのくらいでしょうか。

　　　1．　人事以外の職能を経験したことがない　　　　　　　　　　約（　　　　）％

　　　2．　人事職能の経験が他職能に比べて長い　　　　　　　　　　約（　　　　）％

　　　3．　人事職能の経験が他職能に比べて短い　　　　　　　　　　約（　　　　）％

　⑸　人事スタッフの人事職能の中での仕事経験の幅について比率をお尋ねします。

　　　1．　1つの仕事を経験している（たとえば採用のみなど）　　　約（　　　　）％

　　　2．　2つか3つの仕事を長く経験している（たとえば採用と給与など）

　　　　　　　　　　　　　　　　　　　　　　　　　　　　　　　　約（　　　　）％

　　　3．　4つ以上の仕事を経験している　　　　　　　　　　　　　約（　　　　）％

補　録　185

Q2.　人事部の活動の成果についてお尋ねします。

　　a．貴社における人事部の存在意義について，お尋ねします。以下に挙げる5つの役割について，人事部が時間やエネルギーをかけている割合について100％を配分する形でお答えください。（おおよそで結構です。）

　　b．上記回答について，達成度はどれくらいと思いますか。最も当てはまる数字に○をつけてお答えください。

	a 時間・エネルギー配分（％）	b				
		全く達成できていない	あまり達成できていない	どちらでもない	やや達成できている	非常に達成できている
(1)　人事情報の蓄積・整理		1	2	3	4	5
(2)　内部監査と統制		1	2	3	4	5
(3)　人事施策の運用に関する支援（人事施策の実施と運営）		1	2	3	4	5
(4)　人事制度や施策の開発と展開（新しい制度や方式を開発すること）		1	2	3	4	5
(5)　経営のパートナーとして戦略面に従事（経営陣の一員となり，戦略的な人事計画，組織設計，戦略的変革に携わること）		1	2	3	4	5

Q3.　あなた（人事部長様）ご自身が経験した職能分野についてお尋ねします。

　　(1)　あなたご自身が経験した職能全てに○をつけてください。（複数回答可）

　　　　　1．経営企画　　　2．法務　　　3．経理・財務　　　4．人事・教育　　　5．総務・秘書
　　　　　6．広報・宣伝　　7．情報システム　8．営業企画（マーケティング）　　9．販売・営業
　　　　　10．貿易・海外事業　　11．資材・購買・工程管理　　12．生産技術・生産管理
　　　　　13．製品開発・設計　　14．研究・開発　　15．その他（　　　　　）

　　(2)　あなたが経験した職能の中で，一番長く経験した職能をQ3(1)の選択肢の中から1つ選んで番号でお答えください。　　　　　　　　　　　　　　　　　　　（　　　　）

　　(3)　(2)で回答した職能分野でどのような仕事を経験しましたか。1つだけ番号に○をつけてお答えください。

　　　1．その職能の中で1つの仕事を長く経験してきた（たとえば経理なら原価計算のみなど）

　　　2．その職能の中で2つか3つの仕事を経験してきた（たとえば経理なら原価計算と決算）

　　　3．その職能の中で数多くの仕事を経験してきた

X．貴社の組織文化についてお尋ねします。

Q1．貴社の組織文化について，おおよそで結構ですので，各項目の A 〜 D の合計
が 100％になるようにお答えください。

(1) 顕著にみられる特徴

A	我々の組織は家族のような存在であり，考え方が共有されている	％
B	我々の組織は企業家精神にあふれ，皆が進んでリスクの中でチャレンジする傾向にある	％
C	我々の組織は業務遂行が最大の関心事であり，数値目標の達成を最重要視している	％
D	我々の組織は非常に構造化されており，従業員の仕事は形式的な手続きによって規定されている	％
合計		100％

(2) リーダーシップ・スタイル

A	我々の組織のリーダーシップとは，部下を育て，人々を助けることと考えられている	％
B	我々の組織のリーダーシップとは，企業家精神を発揮し，革新的なものと考えられている	％
C	我々の組織のリーダーシップとは，現実的で，結果至上主義であることと考えられている	％
D	我々の組織のリーダーシップとは，調整を行い，組織化し，効率的なことと考えられている	％
合計		100％

(3) 従業員管理

A	我々の組織の従業員管理の方法の特徴は，チームワーク，コンセンサス，組織への参加である	％
B	我々の組織の従業員管理の方法の特徴は，革新性，自由，独創性である	％
C	我々の組織の従業員管理の方法の特徴は，マーケット志向，従業員への達成要求である	％
D	我々の組織では，職務記述書に職務内容が定められており，在職の保証，規則への服従が従業員管理の特徴である	％
合計		100％

(4) 組織を団結させるもの

A	我々の組織は，忠誠心と相互信頼によって団結している	％
B	我々の組織は，業界の最先端を目指し革新と新規開発へ全力を注ぐことで団結している	％
C	我々の組織は，ゴールや目標の達成によって団結している	％
D	我々の組織は，円滑な業務活動を行うために形式的なルールと方針によって束ねられている	％
合計		100％

補　録　187

(5)　戦略的に重視するもの

A	我々の組織は，人材開発に力を入れ，高い信頼，コミュニケーションと参加を重視する	％
B	我々の組織は，新しい資源の獲得と，新しいことへの挑戦と機会をメンバー自身が探すことが重要とみなされる	％
C	我々の組織は，目標の達成と市場競争に勝つことに重きを置いている	％
D	我々の組織は，効率性，統制，円滑な業務活動を重視する	％
合計		100％

(6)　成功の基準

A	我々の組織は，チームワークが良く行われ，従業員が組織に献身的であることを，組織の成功と定義する	％
B	我々の組織は，短期利益よりも先の組織の姿を重視し，独創的な商品を持っていることを，組織の成功と定義する	％
C	我々の組織は，市場で勝つこと，ライバル企業をしのぐことを，組織の成功と定義する	％
D	我々の組織は，効率的で着実な業務活動，低コスト生産を，組織の成功と定義する	％
合計		100％

XI.　将来のグローバル経営幹部候補者で，グローバル事業を現場で牽引するリーダー人材（＝グローバルリーダー）についてお尋ねします。

Q1.　貴社では，海外拠点展開を既に図っておられますか。はい，いいえ，どちらかに○をつけて下さい。

　　はい ⇒ Q2 へお進みください

　　いいえ ⇒ アンケートは終了です。ご協力ありがとうございました。

Q2.　貴社のグローバル経営の状況についてお伺いします。
　　(1)　海外に初進出した年　　　　　　　　　　　　西暦（＿＿＿＿）年
　　(2)　海外拠点の現地人社長比率　　　　　　　　　　　（＿＿＿＿）％
　　(3)　本社役員の外国人比率　　　　　　　　　　　　　（＿＿＿＿）％
　　(4)　日本人役員のうち，海外経験者の比率　　　　　　（＿＿＿＿）％
　　(5)　海外拠点の中間管理職以上の現地人材比率　　　　（＿＿＿＿）％

Q3. 日本の事業所と海外拠点の組織編成や従業員の仕事観についてお尋ねします。

		当てはまらない	あまり当てはまらない	どちらでもない	ややその通り	その通り
(1) 従業員の職務や責任範囲は具体的に規定されている	日本の事業所	1	2	3	4	5
	海外拠点	1	2	3	4	5
(2) 従業員は1クラス上の仕事を任されることがある	日本の事業所	1	2	3	4	5
	海外拠点	1	2	3	4	5
(3) 職務や責任範囲を超えた行動が推奨・評価される	日本の事業所	1	2	3	4	5
	海外拠点	1	2	3	4	5
(4) 従業員は職務や責任範囲を超えた行動を取りたがらない	日本の事業所	1	2	3	4	5
	海外拠点	1	2	3	4	5

Q4. グローバルリーダーを選抜する際の考え方についてお尋ねします。

	全く当てはまらない	あまり当てはまらない	どちらともいえない	ほぼ当てはまる	常に当てはまる	よくわからない
(1) 必要な能力（コンピテンシー）を明確にしており，そのリストに基づく選抜	1	2	3	4	5	6
(2) 他の従業員との能力の比較による選抜	1	2	3	4	5	6
(3) 計画的にグローバルリーダーは選抜される	1	2	3	4	5	6
(4) 候補者が見つかり次第，グローバルリーダーは選抜される	1	2	3	4	5	6
(5) 育成期には，スピードを重視する	1	2	3	4	5	6
(6) 育成に時間がかかっても結果的に育てば良い	1	2	3	4	5	6
(7) 必要に応じて外部から採用している	1	2	3	4	5	6
(8) 国内から選抜している	1	2	3	4	5	6
(9) 本社，現地法人以外の人材から選抜している	1	2	3	4	5	6
(10) 当座の火消しで選抜する	1	2	3	4	5	6
(11) ジョブローテーションの一環で選抜する	1	2	3	4	5	6
(12) 現地の利益拡大の目的で選抜する	1	2	3	4	5	6
(13) 将来の本社の経営人材に育つことを期待して選抜する	1	2	3	4	5	6

補 録 189

Q5. グローバルリーダーを選抜する際に，下記内容を選抜指標として使用しますか。

	全く使用しない	あまり使用しない	場合によって使用する	よく使用する	必ず使用する	よくわからない
多方面にわたる知識						
(1) 自社のグローバル戦略を理解している	1	2	3	4	5	6
(2) 複数の国の地理や歴史，重要人物などを知っている	1	2	3	4	5	6
(3) 世界の主な宗教とそれらの社会への影響についての知識をもっている	1	2	3	4	5	6
(4) ビジネス以外の世界の出来事に関心があり，議論することができる	1	2	3	4	5	6
(5) 不慣れな場面や土地を楽しむことができる	1	2	3	4	5	6
(6) 異文化や異なる習慣を学ぼうとする	1	2	3	4	5	6
心理的な素養						
(7) 既存のやり方にとらわれずに新しい方法で挑戦する	1	2	3	4	5	6
(8) 自分で状況をコントロールできない場面でもうまくやっていける	1	2	3	4	5	6
(9) 全く文化や意見の異なる人々と効果的に仕事をする	1	2	3	4	5	6
(10) 他者との仕事の調整に積極的である	1	2	3	4	5	6
(11) 目的達成のために異文化の人々と協働することができる	1	2	3	4	5	6
(12) 複数の異文化の非言語表現が理解できる	1	2	3	4	5	6
社会的な能力						
(13) 多様な人々やアイデアにオープンである	1	2	3	4	5	6
(14) 対話スキルにたけている	1	2	3	4	5	6
(15) 大きな変化や変革を楽しめる	1	2	3	4	5	6
(16) 自分に対するフィードバックを素直に受け入れる	1	2	3	4	5	6
(17) 他者の協力を積極的に得る	1	2	3	4	5	6
(18) 部下の育成により注力する	1	2	3	4	5	6
社会的な行動						
(19) 自分がミスをした時は素直に認める	1	2	3	4	5	6
(20) 意思決定にあたり，周囲の意見を取り入れる	1	2	3	4	5	6
(21) 他部門からの支援を求められる時，支援する	1	2	3	4	5	6
(22) 部下が問題に遭遇した際に，適切な手助けをする	1	2	3	4	5	6
(23) 他部門の悪口を言わない	1	2	3	4	5	6

Q6. グローバル経営を担う人材の充足度についてお尋ねします。最も当てはまる
数字に○をつけてください。

	当てはまらない	あまり当てはまらない	どちらでもない	やや当てはまる	当てはまる	よくわからない
(1) 日本人グローバルリーダーの人員数は，目標レベルを満たしている	1	2	3	4	5	6
(2) 日本人グローバルリーダーのパフォーマンスは，目標レベルを満たしている	1	2	3	4	5	6
(3) 海外拠点マネジャーの現地化率は，目標レベルを満たしている	1	2	3	4	5	6
(4) 海外拠点マネジャーの定着率は，目標レベルを満たしている	1	2	3	4	5	6
(5) グローバルリーダーを必要とするポストには，十分な人員が配置されている	1	2	3	4	5	6
(6) 海外拠点マネジャーのポストには，十分な数の現地人が配置されている	1	2	3	4	5	6

以上でアンケートは終了です。ご協力ありがとうございました。

D）集 計 結 果

「人材マネジメントの新展開」調査報告書

神戸大学大学院経営学研究科「人材マネジメントの新展開」調査研究プロジェクト
日本能率協会 KAIKA センター JMA マネジメント研究所

Ⅰ．調査概要

日本国内の従業員数100名以上の日本能率協会会員企業と会員企業以外の上場企業2,500社，および外資系企業500社の合計3,000社の人事部長を調査対象とし，2017年5月から2017年8月にかけて，郵送にて調査票を送付し，郵送による回答，もしくは，日本能率協会のウェブサイト上の回答画面への回答の入力を依頼する形で調査を実施した。

調査への有効な回答は134社，回収率は4.5％であった。

Ⅱ．回答企業のプロフィール

Ⅱ-1　企業規模，海外進出（Q1 ～ Q3）

上場企業が半数以上を占め，操業年数が50年以上の企業が全体の6割以上を占めた。

Q1．上場／未上場（n=134）

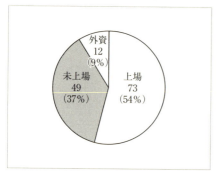

Q2．操業年数

	度数	割合
5 年未満	0	0.0
5 ～ 10 年未満	5	3.8
10 年以上～ 30 年未満	16	12.0
30 年以上～ 50 年未満	26	19.5
50 年以上～ 70 年未満	33	24.8
70 年以上～ 100 年未満	32	24.1
100 年以上	21	15.8
合計（無回答 1）	133	100.0

＊最小は5年，最大値173年

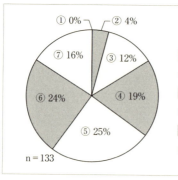

総売上高，営業利益ともに回答企業間のばらつきが大きかった。総売上高では200億～500億円の企業が20.2％と最も多かったが，全体としては均等に分布している。営業利益は10億～50億円の企業が全体の30.3％を中心に，ほぼ均等に分かれた。

Q3-1．総売上高

	度数	割合
50億未満	15	11.6
50～100億未満	13	10.1
100～200億未満	16	12.4
200～500億未満	26	20.2
500～1,000億未満	14	10.9
1,000～2,000億未満	14	10.9
2,000～10,000億未満	16	12.4
10,000億以上	15	11.6
合計（無回答5）	129	100.0

＊最小1050百万，最大7,603,250百万

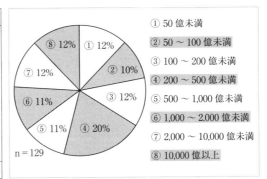

Q3-2．営業利益

	度数	割合
1億未満	13	10.7
1～5億未満	18	14.8
5～10億未満	13	10.7
10～50億未満	37	30.3
50～100億未満	14	11.5
100～1,000億未満	19	15.6
1,000億以上	8	6.6
合計（無回答12）	122	100.0

＊最小-21,496百万，最大578,237百万

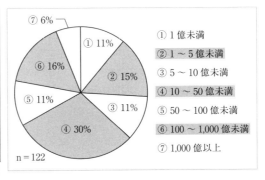

　海外売上高比率に関する問いには，無回答の企業が41社と全体の3割程度を占めており，調査対象企業の海外進出の実態はこの調査では測りがたいが，回答のあった87社のうち，44％が海外での売り上げが全くないと回答している一方で，海外売上高が3割を超えている企業も30％程度あった。

Q3-3. 海外売上高比率

	度数	割合
0%	38	43.7
1～10%未満	7	8.0
10～30%未満	15	17.2
30～50%未満	11	12.6
50～80%未満	13	14.9
80%以上	3	3.4
合計（無回答41）	87	100.0

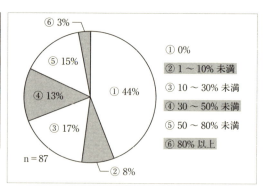

Ⅱ-2　従業員数（Q4～Q5）

　国内正規社員数は1,000人～3,000人未満の企業が最も多かった。100人未満の企業が8%あったが，これは質問票を送付した企業の中に持株会社の本社などが若干数含まれていたことが考えられる。

　国内非正規社員数は正規社員の規模に比較して少ない企業が中心であった。1,000人以上の非正規社員がいる企業は16%ほどであり，回答企業の従業員構成は，正規社員中心であることがわかる。

　海外従業員数は0人と回答した企業が46%と最も多く，国内の外国人従業員についても0人と回答した企業が最も多く，10人未満の企業で68%を占めることから，回答企業の従業員は日本国内の日本人が中心だと言える。

Q4-1. 国内正規社員数

	度数	割合
1～100人未満	11	8.3
100～300人未満	25	18.9
300～500人未満	19	14.4
500～1,000人未満	23	17.4
1,000～3,000人未満	29	22.0
3,000～5,000人未満	9	6.8
5,000～10,000人未満	8	6.1
10,000人以上	8	6.1
合計（無回答2）	132	100.0

＊最小は50人，最大は2,500人

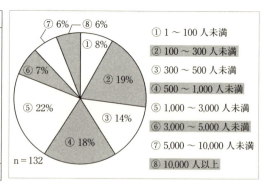

Q4-2. 国内非正規社員数

	度数	割合
0 人	9	7.3
1 ～ 50 人未満	30	24.2
50 ～ 100 人未満	16	12.9
100 ～ 300 人未満	33	26.6
300 ～ 500 人未満	11	8.9
500 ～ 1,000 人未満	5	4.0
1,000 ～ 3,000 人未満	13	10.5
3,000 ～ 5,000 人未満	4	3.2
5,000 人以上	3	2.4
合計（無回答 10）	124	100.0

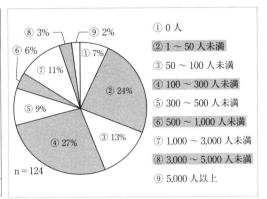

＊最小は 0 人，最大は 15,506 人

Q4-3. 内資海外従業員数

	度数	割合
0 人	51	46.4
1 ～ 50 人未満	18	16.4
50 ～ 100 人未満	7	6.4
100 ～ 300 人未満	9	8.2
300 ～ 500 人未満	2	1.8
500 ～ 1,000 人未満	1	0.9
1,000 ～ 3,000 人未満	4	3.6
3,000 ～ 5,000 人未満	6	5.5
5,000 人以上	12	10.9
合計（無回答 24）	110	100.0

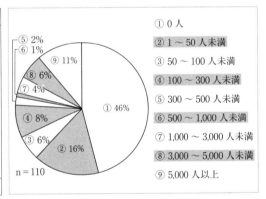

＊最小は 0 人，最大は 267,700 人

Q4-4. 国内外国人社員数

	度数	割合
0人	45	39.1
1～10人未満	33	28.7
10～30人未満	17	14.8
30～50人未満	9	7.8
50～100人未満	5	4.3
100～300人未満	5	4.3
300人以上	1	0.9
合計（無回答19）	115	100.0

＊最小は0人，最大は300人

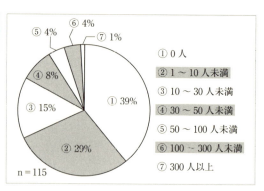

女性社員比率は10％～30％未満の企業が最も多く，30％～50％未満の企業と合わせると79％になる一方で，女性の管理職比率は0％～5％の企業が73％を占めることから，一定の割合の女性社員がいるにも関わらず，管理職に昇進する女性は非常に少ないという実態が明らかになった。

Q4-5. 女性社員比率

	度数	割合
0％	1	0.8
1～10％未満	20	15.9
10～30％未満	72	57.1
30～50％未満	27	21.4
50～80％未満	6	4.8
80％以上	0	0.0
合計（無回答8）	126	100.0

最小は0％，最大は72％

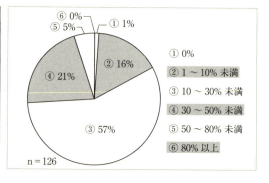

Q4-6. 管理職層における女性比率

	度数	割合
0%	21	16.7
0.1～5%未満	59	46.8
5～10%未満	25	19.8
10～15%未満	14	11.1
15～20%未満	2	1.6
20～25%未満	3	2.4
25～30%未満	0	0.0
30%以上	2	1.6
合計（無回答8）	126	100.0

＊最小は0%，最大は40%

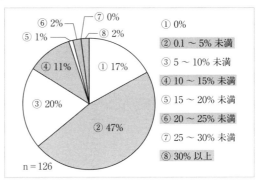

社員の年齢構成は40歳代を中心として，30歳代，50歳代が主になっている。30歳未満の若手社員も平均で20％と一定の割合を構成している一方で，60歳以上の社員は平均3.7％と低く，60歳以上の定年の延長や，社員としての定年後の再雇用などは，あまり進んでいない現状が伺える。60歳以降は非正規での再雇用など通常の正社員以外での雇用，採用などが行われている可能性がある。

平均勤続年数は，15年～20年未満が最も多く約50％を占めた。回答企業では，長期的な雇用の傾向が強いことが伺える。

Q4-7. 社員年齢構成

	30歳未満	30歳代	40歳代	50歳代	60歳以上
0～5%未満	4	0	0	2	80
5～10%未満	4	1	0	8	23
10～15%未満	21	5	1	16	13
15～20%未満	30	19	6	33	3
20～25%未満	27	37	11	22	1
25～30%未満	20	30	35	22	0
30～40%未満	12	27	54	19	1
40%以上	5	4	16	1	0
計	123	123	123	123	121
平均%	20.2	24.6	30.9	20.6	3.7
	無回答11	無回答11	無回答11	無回答11	無回答13
	最小2% 最大45%	最小9% 最大50%	最小14% 最大52%	最小2% 最大41%	最小0% 最大30%

Q5. 平均勤続年数

	度数	割合
5年未満	2	1.7
5〜10年未満	14	11.6
10〜15年未満	29	24.0
15〜20年未満	60	49.6
20〜25年未満	10	8.3
25〜30年未満	1	0.8
30年以上	5	4.1
合計（無回答13）	121	100.0

＊最小は3年，最大は43.2年

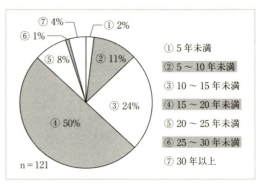

II-3　業　種

回答企業132社の業種は製造業67社（50.8％），非製造業65社（49.2％）でほぼ半数ずつであった。

製造業では電気機器具製造業が最も多く，非製造業では卸売・小売業が最も多かった。

Q6. 業　種

	度数	割合		度数	割合
卸売・小売業	13	9.8	鉄鋼業	3	2.3
電気機械器具製造業	12	9.1	金属製品製造業	3	2.3
建設業	12	9.1	精密機械器具製造業	3	2.3
サービス業	10	7.6	窯業・土石製品製造業	2	1.5
情報通信業	9	6.8	非鉄金属製造業	2	1.5
科学工業	8	6.1	電気・ガス・熱供給・水道業	2	1.5
一般機械器具製造業	6	4.5	その他非製造業	2	1.5
輸送用機械器具製造業	6	4.5	木材・木製品製造業（家具を除く）	1	0.8
その他製造業	6	4.5	プラスチック製品製造業	1	0.8
金融・保険業	6	4.5	ゴム製品製造業	1	0.8
食品製造業	5	3.8	情報通信機械器具製造業	1	0.8
運輸業	5	3.8	電子部品・デバイス製造業	1	0.8
教育・学習支援業	4	3.0	不動産業	1	0.8
衣服・その他繊維製品製造業	3	2.3	飲食店・宿泊業	1	0.8
印刷・同関連業	3	2.3	合計（無回答2）	132	100.0

Ⅱ-4 過去3年間の売上伸長率・営業利益率変化

2014会計年度を100とした2016年度の売上高は100以上，つまり，「伸びている」と回答した企業が全体で6割を超えており，100未満とした企業も90以上100未満と回答した企業が多かった。また，営業利益率の変化も，黒字（黒字拡大，黒字転換，黒字縮小）と回答した企業が7割を超えており，逆に赤字（赤字縮小，赤字転落，赤字拡大）と回答した企業は2.5％であったことから，回答企業はおおむね売上，収益とも安定しているということがわかった。

Q7-1. 過去3年間の売上伸長率

	度数	割合
150以上	4	3.4
150未満～130以上	3	2.5
130未満～110以上	27	22.7
110未満～100以上	38	31.9
100未満～90以上	31	26.1
90未満～70以上	15	12.6
70未満	1	0.8
合計（無回答9）	119	100.0

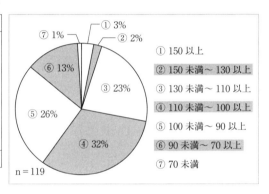

Q7-2. 過去3年間の営業利益率変化

	度数	割合
黒字拡大	59	49.2
黒字転換	3	2.5
赤字縮小	1	0.8
横ばい	24	20.0
黒字縮小	31	25.8
赤字転落	2	1.7
赤字拡大	0	0.0
合計（無回答8）	120	100.0

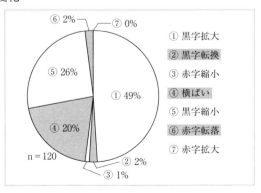

Ⅲ．人事ポリシーと従業員のやりがい

　人事ポリシーについての質問では，エンプロイヤビリティーの重視，個々の従業員のニーズを重視した人事管理，戦略や成果と連動した職務設計や配置，評価報酬の基準の明確化など，変化しつつある新しい人事管理の傾向についての各企業の取り組みについて質問した。エンプロイヤビリティーや，従業員一人ひとりの能力やニーズに合わせた個別の人事管理に関して全般的に高い取り組みの傾向が見られる一方で，評価・報酬基準の面では，個々のニーズやエンプロイヤビリティーへの配慮は低い傾向が見られた。

Q1．人事ポリシー　（n=131 ～ 134）

Q1	a．人事管理全体	平均値	標準偏差
1	人事管理のあらゆる活動を通じて，企業から従業員一人ひとりへの期待を明確に発信すべきである	4.31	0.750
2	従業員には，企業への貢献を眼に見える形で日々行うことを求めるべきである	3.57	0.977
3	現在～将来の戦略達成のため，従業員に提示する期待・仕事・報酬は，個人ごとで変えられるべきである	3.88	0.867
4	人材確保・組織強化のため，従業員の仕事上・生活上のニーズに柔軟に対応できる人事管理を目指すべきである	3.95	0.759
5	従業員には，自社のみならず幅広い企業で価値を持つような意欲や能力を蓄積・発揮することを求めるべきである	3.84	0.990
	b．採用について		
1	応募者に対し，自社で働くことの魅力に加え，働くことで生じる困難も，包み隠さず伝えている	4.16	0.812
2	入社後の早い段階から即戦力として活躍できることを，選抜基準としている	2.97	1.069
3	現在～将来の経営戦略を念頭に人材要件を個別化・具体化し，それを満たす応募者を採用している	3.31	1.058
4	自らの仕事上・生活上のニーズを強く意識している応募者を，積極的に採用している	3.10	0.908
5	自社のみならず幅広い企業で価値を持つような意欲や能力を発揮しうる応募者を採用している	3.63	0.907

補　録　201

	c．職務設計・配属について	平均値	標準偏差
1	職務の内容や職務遂行のために必要なことを，従業員一人ひとりに対して明示している	3.67	1.002
2	ある職務について，担当者の候補が複数出た場合には，必要な成果をすぐに出せそうな人を選ぶ	3.44	0.771
3	現在～将来の戦略達成という観点から，必要な職務を企業内に残し，従業員一人ひとりに職務を付与している	3.44	0.930
4	従業員の様々なニーズに対応するために多様な就労機会を整備し，ニーズに沿った配置を行っている	3.26	0.925
5	自社の職務を従業員がうまく遂行するためには，自社のみならず幅広い企業で価値を持つような意欲や能力が必要である	3.82	0.933

d．評価・報酬について

1	昇降格に関する基準は社内で公開されており，実際の昇降格の対象者には綿密なフィードバックを行っている	3.55	1.171
2	個人の属性に囚われず，現時点の実力や成果の大小に応じた評価や報酬を，全ての従業員に与えている	3.70	0.939
3	個人の属性に囚われず，現在～将来の戦略達成への貢献度の違いに応じた評価や報酬を，全ての従業員に与えている	3.58	0.909
4	昇降格に関する判断を行う時には，従業員の仕事上・生活上の様々なニーズを考慮に入れている	2.99	1.056
5	自社のみならず幅広い企業で価値を持つような力を保有・発揮しているか否かを，従業員の昇降格の基準としている	2.83	1.064

e．能力開発について

1	蓄積・発揮しなければいけない能力，それが取得できる機会について明確に定義し，従業員に伝えている	3.50	0.961
2	従業員が現在の仕事における成果を最大化できるよう，成長支援を行っている	3.89	0.774
3	現在～将来の戦略達成のために必要な能力を従業員一人ひとりに合わせて定義し，成長支援を行っている	3.21	0.957
4	従業員の仕事上・生活上のニーズを最大限満たすために必要な成長機会を見出し，成長支援を行っている	3.17	0.895

合成変数

人事ポリシー1（人事管理全体）		3.84	0.579
人事ポリシー2（採用）		3.52	0.535
人事ポリシー3（職務設計・配置）		3.48	0.627
人事ポリシー4（評価・報酬）		3.29	0.570
人事ポリシー5（能力開発）		3.44	0.705

Q2. 環境要因と従業員への影響 （n=132）

Q2-a. 人事施策の立案・運用に影響を与えうる環境要因

		平均値	標準偏差
1	自社の従業員の意識や能力	4.20	0.598
2	企業の所有者（株主，出資者等）の意向	3.18	1.222
3	他社の人事管理上の取り組み	3.17	0.833
4	社外の人材市場の動向	3.44	0.893
5	情報技術の進展状況	3.54	0.814
6	人事管理に関わる法制度の動向	4.17	0.712
7	これまでの人事管理のあり方	3.58	0.731

Q2-b. 従業員の意欲能力を高めようとする際の作用

		平均値	標準偏差
1	企業の所有者（株主，出資者等）の意向	3.27	0.830
2	他社の人事管理上の取り組み	3.38	0.586
3	社外の人材市場の動向	3.21	0.666
4	情報技術の進展状況	3.48	0.636
5	人事管理に関わる法制度の動向	3.27	0.872
6	これまでの人事管理のあり方	3.02	0.756

Q3. 従業員について

1	有能な人材の自発的離職が，操業の足かせとなっている	2.55	1.181
2	幅広い従業員が，自分の能力に自信を持てている	3.33	0.715
3	幅広い従業員が，職務内容に満足している	3.45	0.794
4	幅広い従業員が，報酬に満足している	3.29	0.787
5	従業員一人ひとりの「その人らしさ」が，周囲から承認されている	3.52	0.736
6	従業員は会社が提供する報酬や仕事機会に納得している	3.45	0.775
7	従業員は会社が提供する報酬や仕事機会に見合う貢献をしている	3.46	0.692

Ⅳ. 競争力と経営環境

　他社に対する競争力（革新的製品やサービス）と経営環境についての各企業の認識について尋ねた。

　競争力については「革新的製品をライバル他社に先がけて作り出しているか」という問いに対して，「そう思う」，「少しそう思う」と回答した企業が半数を超えた。

　また経営環境についての質問では，競合他社の戦略や顧客の嗜好の予見がしやすいと回答した企業がどちらも5割前後と多い傾向にある一方で，技術変化に対する認識についての質問では回答が分散しており，業種によって差が出たものと考えられる。

Q1. 貴社は，業界（主力製品・サービス）において，ライバル他社に先がけて革新的製品を作り出しておられますか。（n=124）

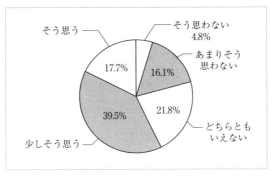

Q2. 経営環境（n=131）

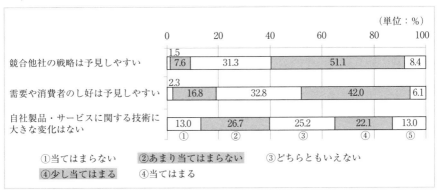

V．働き方改革とダイバーシティ施策

V-1 残業時間，労働生産性，人員充足度

Q1の残業時間に関する質問項目では，月当たりの平均残業時間が15時間以上30時間未満と回答した企業が約5割を占めており，増減の見込みは同程度と回答した企業が6割を超えたが，増加すると回答した企業よりも減少すると回答した企業の方が多かった。また，残業の目標時間も15時間から25時間未満と回答した企業が最も多く約4割ほどであったことから，残業時間をこれ以上増やさないという各企業の取り組みが伺える。

Q1-1. 平均残業時間（n=125）

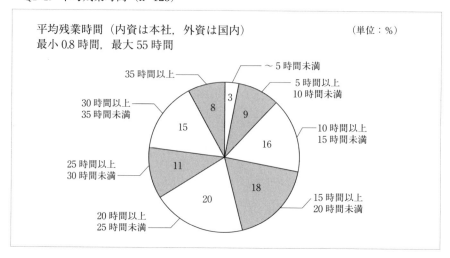

Q1-2. 残業時間増減見込み（n=125）

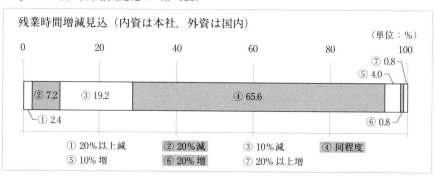

Q1-3. 残業時間目標（n=115）

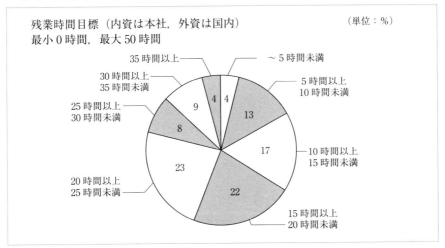

　労働生産性については，回答企業の約8割が「どちらかといえば低い」，「どちらとも言えない」としており，現状において，労働生産性があまり高くないと認識している企業が多数であることがわかる。

Q2. 1時間あたり労働生産性他社比較（n=130）

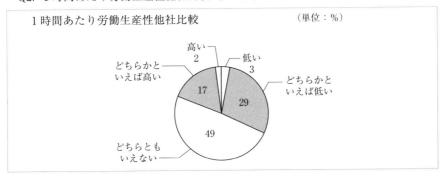

　人員の充足度は，正規社員については「足りていない」と回答した企業が約7割ある一方で，非正規社員ついては「足りていない」とする企業は4割ほどであった。

Q3. 人員充足度（n=132）

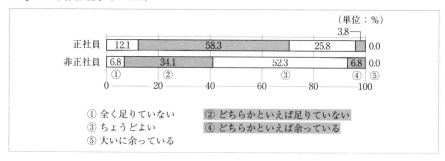

V-2　働き方改革に関する人事施策

Q4 の働きやすさや働きがいに関する人事施策については，女性の子育てと仕事の両立に関する施策やワークライフ・バランスに関する項目では導入率，利用率とも高いが，女性の活躍推進やキャリア支援の為の制度や，多様な働き方を支援する施策（裁量労働制，テレワーク，時間・勤務地限定社員など）については未導入の企業が多いという実態がわかった。

Q5 のダイバーシティ推進施策では，女性社員に対する支援制度では高い取り組みが見られるものの，それ以外のシニア社員，外国人人材，中途採用者，時間的制約のある社員などに対する支援の取り組みは，まだあまりなされていないことがわかった。

補録 207

Q4. 働きやすさ・働きがい人事施策 (n=114~131)

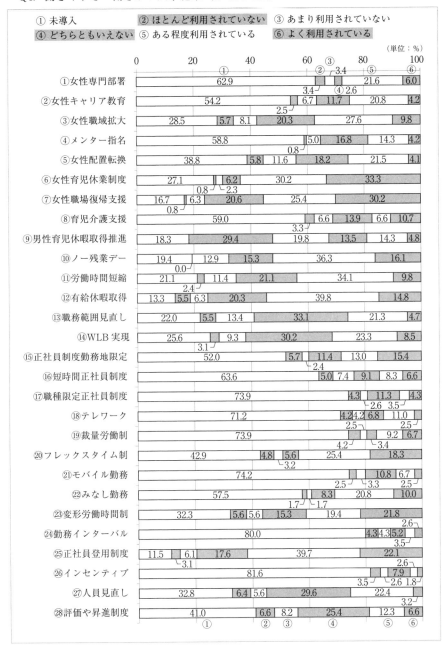

Q5. ダイバーシティ社内推進体制

設置，導入等取り組みがあると回答した割合　n=134　　　　　　　　　　　　　　　　　（単位：%）

		女性社員	シニア社員	外国人人材	中途採用社員	時間制約のある社員
(1)	社内の推進体制を組織として設置している	29.9	16.4	8.2	20.9	9.7
(2)	相談窓口の設置，対象者に対する研修等のサポート体制を導入済みである	32.1	16.4	11.9	20.1	12.7
(3)	管理職に対する研修等の取り組みを行っている	39.6	15.7	9.0	20.9	7.5
(4)	ロールモデルやキャリアプランを社内で提示している	22.4	8.2	5.2	8.2	5.2
(5)	雇用・活用方針について対外公表している	42.5	9.0	7.5	13.4	3.7
(6)	優先的に採用し，比率を高めている	29.1	3.0	8.2	17.9	2.2

いずれかの対象について取組みの有無

		取組みあり度数/%	対象1件	対象2件	対象3件	対象4件	対象5件	なし又は無回答度数/%
(1)	社内の推進体制を組織として設置している	57 42.5%	24	18	9	3	3	77 52.2%
(2)	相談窓口の設置，対象者に対する研修等のサポート体制を導入済みである	64 47.8%	36	10	8	5	5	70 52.2%
(3)	管理職に対する研修等の取り組みを行っている	65 48.5%	29	22	8	3	3	69 51.5%
(4)	ロールモデルやキャリアプランを社内で提示している	36 26.9%	19	10	2	4	1	98 73.1%
(5)	雇用・活用方針について対外公表している	63 47.0%	36	19	5	2	1	71 53.0%
(6)	優先的に採用し，比率を高めている	60 44.8%	42	15	3	0	0	74 55.2%

VI. 評価報酬制度

評価報酬制度については，管理職，非管理職，さらに非正規社員の評価報酬について質問した。

Q1の社員格付け制度については，管理職と非管理職で異なる格付け制度が運用されているような実態は見られなかったが，管理職の方が，職務や役割に対する評価の傾向が高く，非管理職に比べてより明示的，客観的な格付け制度が運用されている傾向が見られた。目標管理制度についてはおおむね柔軟な運用がされている傾向にあることがわかった。

Q2の非正社員の格付け制度については未導入の企業が約8割を占めており，非正社員の能力や働きぶりの評価については制度が整っていない現状が伺える。Q3の非正規社員の評価制度の在り方については，7割が正社員とは異なる制度であると回答する一方で，「正社員と同じ」，または「一部同じ」と回答した企業も3割程度あることが分かった。

Q4の報酬制度については，正社員については能力給の割合が最も高いが，管理職については職務給の割合が高いことがわかる。また，成果給は月例給よりも賞与において高く反映されていることがわかった。成果給を賞与に反映させることによって，仕事のアウトプットを出すことへのインセンティブを維持しようとしていることが伺える。

Q1. 社員格付け・評価制度 (n=129 ～ 131)

社員格付け制度	管理職		非管理職	
	平均値	標準偏差	平均値	標準偏差
(1) その人の能力・スキル（職務遂行能力）について等級が定められている	4.04	1.383	4.13	1.296
(2) 担当する仕事（職務）の価値に基づいて等級が定められている	3.42	1.578	3.12	1.593
(3) 仕事（職務）を遂行していく上で，本人に期待されている役割の価値に基づいて等級が定められている	3.92	1.232	3.45	1.403
(4) 同じ職務であっても，担当する人物の能力や経験により等級が異なる場合がある	3.80	1.303	3.89	1.222
(5) 特定の職務の賃金は，市場相場に応じて適宜見直しされている	2.65	1.300	2.66	1.302

評価制度	管理職 平均値	管理職 標準偏差	非管理職 平均値	非管理職 標準偏差
(1) 従業員の目標は明確に定義されている	4.27	0.851	4.11	0.966
(2) 従業員の目標は業務状況に応じて柔軟に変更・付加される	4.18	0.884	4.04	0.980
(3) 目標の設定や達成度の評価において従業員の意見が十分に聴取・反映される	3.95	0.971	3.91	1.007

Q2. 非正社員の格付け制度の導入割合 (n=126) (単位：%)

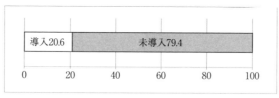

Q3. 非正社員の格付け制度について (n=30) (単位：%)

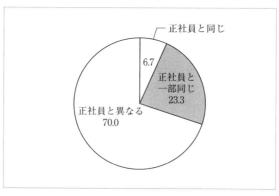

Q4. 報酬の決まり方（n=100～113）

(単位：平均%)

	正規社員				非正規社員
	管理職		非管理職		
	月例給	賞与	月例給	賞与	時(日)給
(1) 職業経験，スキル（職務遂行能力）	29.8	12.3	34.0	15.7	29.1
(2) 仕事（職務）の価値	21.9	8.1	14.6	5.8	24.9
(3) 勤続年数	6.3	3.4	11.3	6.1	8.4
(4) 個人業績・仕事の成果	22.1	34.1	20.6	38.1	11.5
(5) 所属するチーム（部課）の業績・成果	7.4	17.1	4.5	9.8	2.3
(6) 会社全体の業績	7.9	22.0	6.4	19.5	3.6
(7) 労働時間	1.1	0.5	3.4	0.8	13.4
(8) その他	3.5	2.4	5.3	4.2	6.8
合　計	100	100	100	100	100

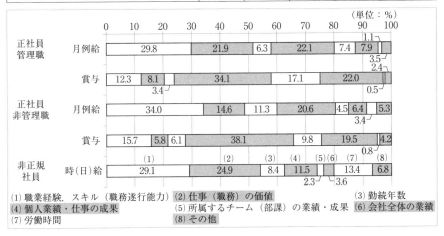

Ⅶ．意思決定制度

　意思決定制度に関する項目では，企業内でどの程度下位の職位の社員まで経営的意思決定に関与しているのか，また，決定権がどの程度分権化され下位の職位に委譲されているのかについて尋ねた。

　起案，提案では全般的にミドル・ロワー層の管理職まで意思決定への参画がみられた一方で，決定権は役員以上に集中している実態がみられた。

Q1. 起案・提案できる職位 （n=117 〜 121）

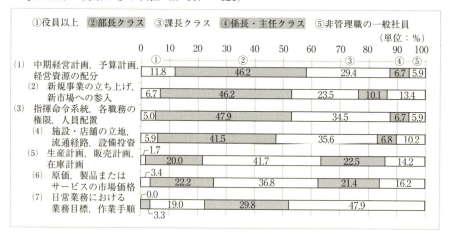

Q2. 決定・決裁できる職位 （n=116 〜 120）

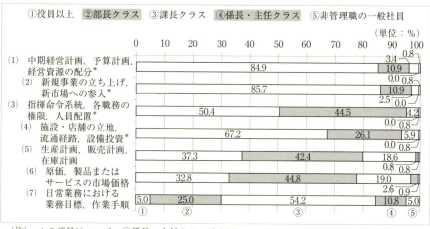

(注)　＊の項目について，④係長・主任クラスは 0.0％。

Ⅷ. 管理職育成

Q1では管理職の育成・採用方針については，従来の日本型と言われる長期雇用・内部昇進・ジェネラリスト育成か，それとは対極的な，外部からの必要に応じた獲得やスペシャリスト育成かを尋ねた。全般としては長期雇用と内部昇進を重視する傾向が強い一方で，スペシャリストの育成や中途採用の重視傾向も見られた。

Q2の管理職の充足度に関する質問では，主任・係長・課長クラスといった若手の管理職の充足度が低い傾向がみられた。

Q1. 管理職の採用・育成方針（n=127）

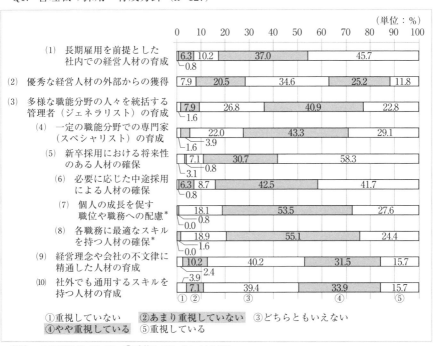

（注）＊の項目について，①重複していないは0.0％。

Q2. 管理職の人材確保（n=125〜126）

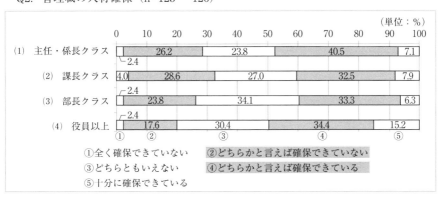

Ⅸ. 人事ガバナンス

　Q1の人事ガバナンスに関する質問では，新規採用，教育訓練，人員計画や配置に関しては，開発部側の意向が強いが，賃上げや昇進枠，労使協定といった全社的な調整が必要な部分では人事部の意向が強く反映されることがわかった。

　Q2の人事情報の把握に関する質問では管理職，非管理職とも，個人のスキルやキャリアに関する希望，将来性といった個別の人事情報は，人事部よりも現場である開発部の方が把握している傾向がみられた。

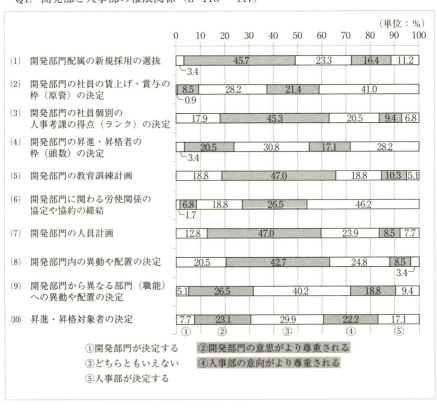

Q1. 開発部と人事部の権限関係（n=116〜117）

Q2. 人事情報の把握 (n=112～115)

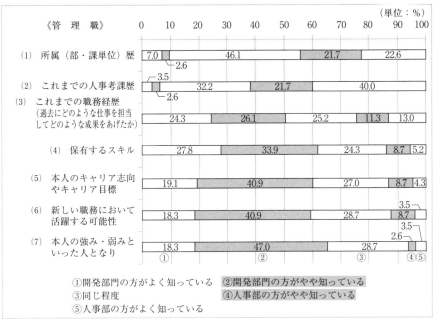

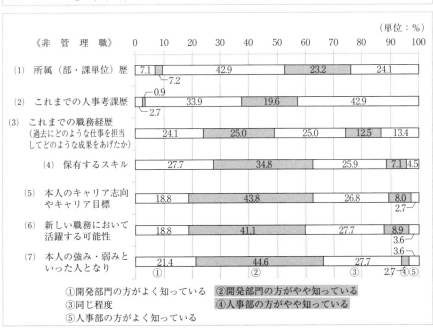

X．人事部について

　人事部スタッフの経験やバックグラウンドの多様性について質問した。全般的に人事スタッフは人事職能を中心とした職務経験を持つ人が多く，中途採用者も少ない傾向が見られたが，人事職能内では複数の仕事の経験を経験をしていることがわかった。また，人事部の仕事の時間配分と達成度では，人事施策に関わる部分が多くを占めており，人事情報の蓄積，戦略面での貢献は低いという傾向がみられた。

Q1．人事部スタッフについて
Q1-1．人事部スタッフ中途採用者割合（n=121） （単位：%）

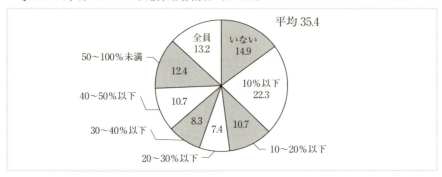

Q1-2．人事部課長中途採用者割合（n=118） （単位：%）

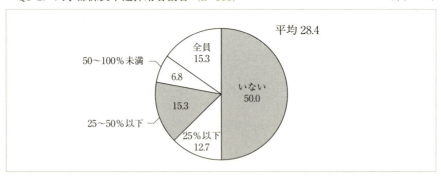

Q1-3. 人事スタッフ MBA 取得者割合 (n=117)　　　　　　（単位：%）

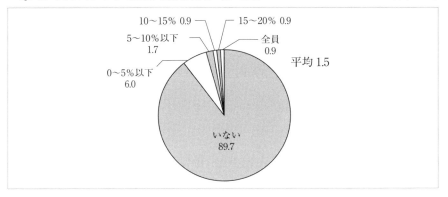

Q1-4. 人事以外の職能経験について

1. 人事部以外の職能を経験したことがない	%	0%	0を超え10%以下	10を超え30%以下	30を超え50%以下	50を超え75%以下	75%越え	合計
		30.5	7.6	2.5	7.6	1.7	7.6	100.0
平均　28.50%	度数	36	17	21	18	13	13	118

2. 人事職能の経験が他部署に比べて長い	%	0%	0を超え10%以下	10を超え30%以下	30を超え50%以下	50を超え100%未満	1	合計
		4.3	9.4	29.1	31.6	18.8	6.8	100.0
平均　42.90%	度数	5	11	34	37	22	8	117

3. 人事職能の経験が他部署に比べて短い	%	0%	0を超え10%以下	10を超え30%以下	30を超え50%以下	50を超え75%以下	75%越え	合計
		7.0	13.0	30.4	20.9	16.5	12.2	100.0
平均　39.40%	度数	8	15	35	24	19	14	115

Q1-5. 人事職能の中での仕事経験について

	人事職能内仕事経験1つ	人事職能内仕事経験2つか3つ	人事職能内仕事経験4つ以上
度　数	114	115	112
平均値	23.2	49.0	32.9
最小値	0.0	0.0	0.0
最大値	100.0	100.0	100.0

Q2. 人事部の時間・エネルギー配分と達成度

	最小値 （％）	最大値 （％）	平均値 （％）	標準 偏差	度数	平均値	標準 偏差	度　数
(1) 人事情報の蓄積・整理	5	100	22.3	16.51	106	3.4	0.93	117
(2) 内部監査と統制	0	70	11.5	11.10	104	3.2	0.93	114
(3) 人事施策の運用に関する支援（人事施策の実施と運営）	0	80	31.4	15.33	106	3.7	0.77	117
(4) 人事制度や施策の開発と展開（新しい制度や方式を開発すること）	0	100	21.7	12.73	105	3.2	1.04	115
(5) 経営のパートナーとして戦略面に従事（経営陣の一員となり，戦略的な人事計画，組織設計，戦略的変革に携わること）	0	55	17.3	10.48	106	2.9	0.98	117

（エネルギー配分：最小値・最大値・平均値・標準偏差・度数／達成度：平均値・標準偏差・度数）

Q3. 人事部長の職能経験について

Q3-1. 人事部長のこれまでに経験した職能（上位5職能）

	第1位	第2位	第3位	第4位	第5位
職能	人事・教育	販売・営業	総務・秘書	経営企画	法　務
度数	106	62	59	37	29
割合	79.1%	46.3%	44.0%	27.6%	21.6%

Q3-2. 人事部長のこれまでに経験した最長職能（上位5職能）

	第1位	第2位	第3位	第4位	同率第5位3職能
職能	人事・教育	販売・営業	総務・秘書	経理・財務	経営企画，情報システム，生産技術・生産管理
度数	45	26	11	6	5
割合	33.6%	19.4%	8.2%	4.5%	3.7%

Q3-3. 人事部長のこれまで経験した最長職能での仕事数

	度数	％
仕事1つ	7	5.9
仕事2つか3つ	21	17.6
仕事数多く経験	91	76.5
合計	119	100.0

XI．組織文化

　織文化を測定するために，(1)顕著にみられる特徴，(2)リーダーシップスタイル，(3)従業員管理，(4)組織を団結させるもの，(5)戦略的に重視するもの，(6)成功の基準の6つの視点について，(A) クラン割合（協調性を指向し，コミットメントとコミュニケーションを重視する），(B) イノベーション割合（創造性を指向し，革新的なアウトプットと変革を重視する），(C) マーケット割合（競争性を指向し，市場シェアの獲得と目標達成を重視する），(D) ビューロクラシー割合（統制を指向し，一貫性と均質性，予測を重視する）の傾向を質問した。

　全体としてクラン割合，マーケット割合の高い傾向が見られ，イノベーション割合は低い傾向がみられた。

			平均値	度数
(1) 顕著にみられる特徴	A	我々の組織は家族のような存在であり，考え方が共有されている	30.1	118
	B	我々の組織は企業家精神にあふれ，皆が進んでリスクの中でチャレンジする傾向にある	21.3	114
	C	我々の組織は業務遂行が最大の関心事であり，数値目標の達成を最重要視している	38.2	119
	D	我々の組織は非常に構造化されており，従業員の仕事は形式的な手続きによって規定されている	13.9	113
(2) リーダーシップ・スタイル	A	我々の組織のリーダーシップとは，部下を育て，人々を助けることと考えられている	33.2	119
	B	我々の組織のリーダーシップとは，企業家精神を発揮し，革新的なものと考えられている	18.8	115
	C	我々の組織のリーダーシップとは，現実的で，結果至上主義であることと考えられている	22.3	118
	D	我々の組織のリーダーシップとは，調整を行い，組織化し，効率的なことと考えられている	29.2	118
(3) 従業員管理	A	我々の組織の従業員管理の方法の特徴は，チームワーク，コンセンサス，組織への参加である	40.4	119
	B	我々の組織の従業員管理の方法の特徴は，革新性，自由，独創性である	19.5	114
	C	我々の組織の従業員管理の方法の特徴は，マーケット志向，従業員への達成要求である	26.6	117
	D	我々の組織では，職務記述書に職務内容が定められており，在職の保証，規則への服従が従業員管理の特徴である	17.0	115
(4) 組織を団結させるもの	A	我々の組織は，忠誠心と相互信頼によって団結している	30.7	118
	B	我々の組織は，業界の最先端を目指し革新と新規開発へ全力を注ぐことで団結している	17.4	116
	C	我々の組織は，ゴールや目標の達成によって団結している	35.4	121
	D	我々の組織は，円滑な業務活動を行うために形式的なルールと方針によって束ねられている	19.8	115
(5) 戦略的に重視するもの	A	我々の組織は，人材開発に力を入れ，高い信頼，コミュニケーションと参加を重視する	29.4	119
	B	我々の組織は，新しい資源の獲得と，新しいことへの挑戦と機会をメンバー自身が探すことが重要とみなされる	20.8	117
	C	我々の組織は，目標の達成と市場競争に勝つことに重きを置いている	29.5	122
	D	我々の組織は，効率性，統制，円滑な業務活動を重視する	23.0	117
(6) 成功の基準	A	我々の組織は，チームワークが良く行われ，従業員が組織に献身的であることを，組織の成功と定義する	27.3	121
	B	我々の組織は，短期利益よりも先の組織の姿を重視し，独創的な商品を持っていることを，組織の成功と定義する	22.6	116
	C	我々の組織は，市場で勝つこと，ライバル企業をしのぐことを，組織の成功と定義する	26.8	121
	D	我々の組織は，効率的で着実な業務活動，低コスト生産を，組織の成功と定義する	25.5	119

	平均値	標準偏差	度　数	最小値	最大値
A　クラン	31.6	10.07	114	3.33	65.00
B　革　新	19.9	8.06	110	0.00	46.67
C　市　場	29.2	9.79	115	10.00	71.67
D　ビューロクラシー	21.0	8.33	110	0.00	61.67

XII. グローバル経営人材

　各社のグローバル人材の採用，育成の実情を尋ねた。回答企業中，海外に事業拠点があるのは約半数であった。また，海外現子会社での外国人の社長比率は25％未満が7割を超え，本社の外国人役員比率も0％が8割を超えるなど，経営層における外国人の登用率は低いことがわかった。本社における海外経験者の比率はさほど多くはないものの，海外拠点に派遣する人材を選抜する際の目的については，育成目的，将来の経営層としての活躍を期待する傾向が強かった。

　Q1．グローバル経営の状況
　Q1-1．海外展開

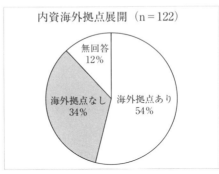

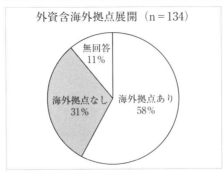

Q1-2. 内資　海外進出年（n=64）

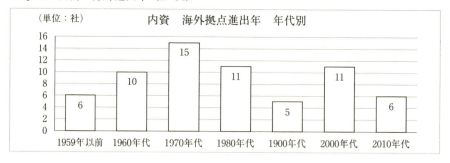

Q1-3. 内資　現地人の社長比率（n=63）　　（単位：％）

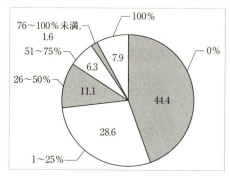

Q1-4. 内資　本社役員外国人比率（n=66）　　（単位：％）

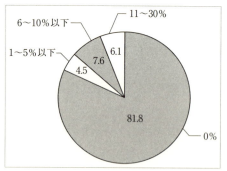

Q1-5. 内資　海外経験のある役員比率（n=64）

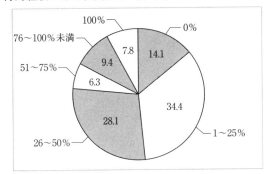

Q1-6. 内資　現地人の管理職比率（n=50）

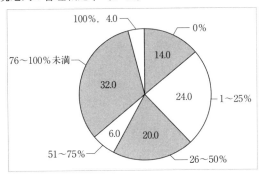

Q2. 日本と海外拠点の仕事観（n=77～78）

		日本の事務所		海外の拠点	
		平均値	標準偏差	平均値	標準偏差
(1)	従業員の職務や責任範囲は具体的に規定されている	3.71	1.163	3.69	1.103
(2)	従業員は1クラス上の仕事を任されることがある	3.97	0.755	3.57	1.031
(3)	職務や責任範囲を超えた行動が推奨・評価される	3.69	1.023	3.27	1.072
(4)	従業員は職務や責任範囲を超えた行動を取りたがらない	3.13	1.036	3.10	0.940

Q3. グローバルリーダーの選抜〔n=70 〜 72（「どちらともいえない」を除く）〕

		平均値	標準偏差
①	必要な能力(コンピテンシー)を明確にしており，そのリストに基づく選抜	2.65	1.165
②	他の従業員との能力の比較による選抜	3.54	1.034
③	計画的にグローバルリーダーは選抜される	2.58	1.065
④	候補者が見つかり次第，グローバルリーダーは選抜される	3.10	1.084
⑤	育成期には，スピードを重視する	3.03	0.834
⑥	育成に時間がかかっても結果的には育てば良い	3.04	0.818
⑦	必要に応じて外部から採用している	2.97	1.150
⑧	国内から選抜している	3.57	0.926
⑨	本社，現地法人以外の人材から選抜している	2.39	1.095
⑩	当座の火消しで選抜する	2.24	1.007
⑪	ジョブローテーションの一環で選抜する	3.00	1.121
⑫	現地の利益拡大の目的で選抜する	3.29	1.013
⑬	将来の本社の経営人材に育つことを期待して選抜する	3.63	0.935

補 録　225

Q4.　グローバルリーダーの選抜指標〔n=58 〜 69（「どちらともいえない」を除く）〕

		平均値	標準偏差
多方面にわたる知識			
①	自社のグローバル戦略を理解している	3.72	1.034
②	複数の国の地理や歴史，重要人物などを知っている	2.56	0.930
③	世界の主な宗教とそれらの社会への影響についての知識をもっている	2.44	0.952
④	ビジネス以外の世界の出来事に関心があり，議論することができる	2.78	0.951
⑤	不慣れな場面や土地を楽しむことができる	3.43	0.908
⑥	異文化や異なる習慣を学ぼうとする	3.48	0.917
心理的な素養			
⑦	既存のやり方にとらわれずに新しい方法で挑戦する	3.72	0.849
⑧	自分で状況をコントロールできない場面でもうまくやっていける	3.90	0.794
⑨	全く文化や意見の異なる人々と効果的に仕事をする	3.87	0.757
⑩	他者との仕事の調整に積極的である	3.91	0.773
⑪	目的達成のために異文化の人々と協働することができる	3.97	0.778
⑫	複数の異文化の非言語表現が理解できる	3.12	0.953
社会的な能力			
⑬	多様な人々やアイデアにオープンである	3.76	0.780
⑭	対話スキルにたけている	3.78	0.808
⑮	大きな変化や変革を楽しめる	3.69	0.891
⑯	自分に対するフィードバックを素直に受け入れる	3.48	0.981
⑰	他者の協力を積極的に得る	3.63	0.862
⑱	部下の育成により注力する	3.38	0.907
社会的な行動			
⑲	自分がミスをした時は素直に認める	3.40	0.914
⑳	意思決定にあたり，周囲の意見を取り入れる	3.49	0.850
㉑	他部門からの支援を求められる時，支援する	3.56	0.889
㉒	部下が問題に遭遇した際に，適切な手助けをする	3.69	0.883
㉓	他部門の悪口を言わない	2.91	1.014

Q5.　グローバル人材の充足度（n=78 〜 79）

		平均値	標準偏差
(1)	日本人グローバルリーダーの人員数は，目標レベルを満たしている	2.76	1.538
(2)	日本人グローバルリーダーのパフォーマンスは，目標レベルを満たしている	3.11	1.502
(3)	海外拠点マネジャーの現地化率は目標レベルを満たしている	3.19	1.636
(4)	海外拠点マネジャーの定着率は目標レベルを満たしている	3.50	1.527
(5)	グローバルリーダーを必要とするポストには十分な人員が配置されている	3.08	1.577
(6)	海外拠点マネジャーのポストには十分な数の現地人が配置されている	3.29	1.729

以上

あとがき

　平成の 30 年間が終わりました。思い起こせば，編著者の上林は昭和 62 年に神戸大学で経営労務論の講座を率いる奥林康司先生の学部ゼミに入り，元号が平成に変わってからは大学院ゼミで本格的に研究者となるためのご指導をいただきました。少し遅れて，もう一人の編著者である平野も平成 4 年に神戸大学MBA プログラムに入学し，ゼミで先生のご指導を受けました。以来，編著者二人の研究者としてのキャリアは常に奥林先生のご指導のもとにありました。

　奥林先生が神戸大学経営学部に奉職され，古林喜樂先生や海道進先生が築いてこられた経営労務論講座の助手になられたのは昭和 44 年です。当時，日本は高度経済成長期の真っただ中で，日本型人事システムの原型はこのときに生成しました。昭和 61 年から日本経済はバブル期に入りましたが，周知のようにこうした好況は平成 3 年に崩壊し，以来，日本型人事システムは激しく動揺し，変更を余儀なくされていきます。

　奥林先生は，昭和から平成への時代の移行とともに変貌する日本型人事システムの実相を掴むべく，数多くの研究プロジェクトをこれまで主導してこられました。この間，先生は私たち二人を独立した研究者として扱い，共同研究のメンバーに加えてくださいました。時代は下り，編著者の二人は神戸大学で互いの研究室をもち，博士課程の大学院ゼミ生やゼミ修了生らとともに，引き続き日本型人事システムの研究に日々取り組んでいます。いわば，こうした世代横断的な研究のコラボレーションが本書であり，本書各章の執筆陣は奥林先生からみると孫弟子にあたります。

　奥林先生は，ゼミのご指導の中で「針の穴から天を覗く」というフレーズを好んで用いておられました。たとえ壮大な研究テーマであっても，その全貌を捉えようとすれば，各々の専門の視点から局所的に分析していく必要があり，かつその専門を深く追究していけば，各々の視座からおのずと事象の総体が把

握できるようになるという意味で，私たちはこのフレーズを理解しています。本書における専門の視点は，それぞれが分担執筆した組織文化，人事ポリシー，人事部の役割，社員格付け制度，働き方改革，意思決定スタイル，グローバル人材育成と多種多様ですが，本書はこれら個別専門の「針の穴」から，執筆陣なりに日本型人事システムの全貌把握に挑戦しようとした協働作業の成果として位置づけることができるのかも知れません。

　時代は令和に移りました。本書の結論は，エピローグで述べた通り「日本型人事システムは組織志向と市場志向を止揚しながら環境適合的に進化していく」というものですが，これは今後も途切れることなく続く不断のプロセスとして私たちは捉えております。奥林先生から授かった薫陶を次代へとバトンタッチし，執筆者一同，日本型人事システムおよび日本の経営社会の研究に，今後も引き続き尽力して参る所存です。

　本書でみたように，「グローバル市場主義」の発想法が社会の隅々にまで波及していますが，こと学術の世界では，こうした共同体の灯火は決して絶やしてはならず，時代を超えて今後も末永くその精神を伝承していかねばならないと私たちは強く確信しておる次第です。

　末筆になりましたが，本書を最後までお読みいただきました読者各位に心からの感謝を申し上げます。皆様から本書に対する忌憚のないご感想ご意見をお聞かせいただけますと幸甚に存じます。

執筆者一同

執筆者一同。左から平野，余合，江夏，浅井，島田，庭本，上林。
2019 年 4 月 3 日，神戸大学六甲台キャンパスにて。

事項索引

〔あ 行〕

IoT（Internet of Things）……………………10
IT（Information Technology）…………6, 8, 10
アイデンティティ ……………………………132
アダプタビリティ ……………………………132
アベノミクス景気 ……………………………155
アングロサクソン型人事システム ……158, 160
安定賃金 ………………………………………154

家 …………………………………………………5
　　──の論理 ……………………………………4
意思決定 ………………………………83, 84, 181
　　管理的── …………………………………90
　　業務的── …………………………………90
　　共同── ……………………………………87
　　参加的── ……………………………13, 86, 96
　　戦略的── …………………………………90
　　ボトムアップ型の── ……………………96
　　──権限 ……………………………………85
　　──制度 …………………………………211
　　──プロセス ……………………………163
異常への対応 ……………………………………5
一般教養 ………………………………………135
異動 ………………………………………………20
　　タテの── …………………………………20
　　ヨコの── …………………………………20
　　──の力学 …………………………………21
イノベーション文化 …………………………72
医療 ………………………………………………11
いわゆる正社員 …………………103, 122, 124
Industry 4.0 ……………………………………10

失われた20年 …………………………………155
内なる国際化 …………………………158, 164

AI（Artificial Intelligence）……………………8
ME（Microelectronics）技術 …………………6
M型組織 …………………………140, 143, 145
エンプロイメンタビリティ …………………161
エンプロイヤビリティ …………56, 152, 154
　　外的── …………………………154, 160, 161
　　内的── ……………………………………154
　　──・パラドックス ……………………161

　　──重視 ……13, 44, 45, 47, 55, 64, 75, 160, 161
O型組織 …………………………140, 143, 145
OJT（On-the-Job Training）…………………88
オールドディール …………………………154, 159

〔か 行〕

GAfa ……………………………………………153
海外拠点 …………………………………144, 145
海外直接投資 …………………………157, 164
外的エンプロイヤビリティ ………154, 160, 161
外的整合性 ………………………………47, 53
外部獲得型 ………………………………………94
外部労働市場 …………………………155, 158
学術・教育 ………………………………………11
家族主義 ………………………………………77
環境適応 ………………………………………69
環境不確実性 …………………………………49
看護 ………………………………………………11
監査等委員会設置会社 …………………………9
管理職育成 ……………………………………182
　　──方針 ……………………………………91
管理組織 …………………………………………6
管理的意思決定 ………………………………90

起案書 ……………………………………………85
起案への参加 …………………………92-94, 96
企業戦略 ………………………………………10
企業特殊技能 …………………………………103
企業特殊総合能力 ………26, 152, 160, 161
企業文化 ………………………………………65
企業別労働組合 …………………………………4
既存制度の改革 ……………………109, 121
技能伝承 …………………………………………7
キャリア開発 …………………………………163
キャリアカウンセリング ……………………38
キャリア自律 …………………………………163
　　──支援 ……………………………………38
競合価値観フレームワーク …………………72
業績主義管理 …………………………………43
協働 ………………………………………………64
　　──意思 ……………………………………71
共同意思決定 …………………………………87
共同体 ……………………………………………5, 8

業務的意思決定 ………………………90
勤務間インターバル制度 ……………104
勤務形態見直し ………………………14

クラン志向 ……………………………75
クラン文化 ……………………………72
グローバリゼーション ………………5
グローバル経営 ………………………129
グローバル市場主義 ……(1), 8, 9, 11, 12, 15,
　　　　　　　　19, 43, 73, 83, 129, 152
グローバル資本主義 …………………8
グローバル人材 …………………129, 221
グローバル統合 ………………………157
グローバルマインドセット ………131, 133, 134
グローバルリーダー ………14, 129, 130, 134, 138,
　　　　　　　141, 142, 144, 187
──充足度 ……………………………143

経営家族主義 …………………………4
経営手腕 ………………………………133
経営福祉主義 …………………………4
経営理念 ………………………………10
計画的内部選抜 …………138, 139, 145
形式的人事情報 …………………32, 36
決裁への参加 ……………………92, 93
決定 ……………………………………84
権限委譲 ………………………………56
現地文化への理解 ……………………133
限定合理性 ……………………………85
限定正社員制度 ………14, 109, 120, 121, 123-125
現場 ……………………………………129

コア・コンピタンス …………………43
行為 ……………………………………84
拘束性の高い働き方 …………………103
行動柔軟性 ………………………133, 134
コーポレート・ガバナンス・コード …………9
国際的な人事管理 ……………………158
個人 ……………………………………4
個人価値 ………………………………69
個別化された能力開発 ………13, 45, 47, 64,
　　　　　　　　75, 160, 161
個別的な人材育成 ……………………15
個別的な労使関係 ……………………43
コミットメント ……………………83, 86
雇用管理 ………………………………103
雇用なき経済再生 ……………………153
雇用保障 ………………………………154
コンセンサス型 ………………………83

コンティンジェンシー・アプローチ …………48
コンテキスト …………………………7
コンピテンシー …………………130, 131

〔さ　行〕

作業組織 ………………………………6
参加的意思決定 …………………13, 86, 97
三種の神器 ……………………………4, 6
サンプルバイアス ……………………15
Ｊ型人事システム ……………………163
事業戦略 ………………………………67
仕事志向 ………………………………147
市場価値 ………………………………56
市場志向 ………………12, 152, 158-160, 163
市場主義 …………………………7, 8, 10, 83
市場メカニズム ………………………8
持続的競争優位 ………………………136
執行役員制 ……………………………9
質的基幹化 ……………………………156
実力・貢献主義 ………………………15
──的な処遇 ……13, 45, 47, 55, 64, 76, 160
実力主義 ………………………………15
社員格付け制度 …12, 22, 37, 87, 90, 94, 96, 105,
　　　　　　　111, 113, 123, 125, 160, 162
社会価値 ………………………………69
社外取締役 ……………………………9
従業員参加 ……………………………83
従業員の自律性尊重 …………………44
従業員の働きがい ……………………32
柔構造組織 ……………………………6
終身雇用 …………………4, 152, 154, 160, 161
集団主義 ………………………………4
柔軟的内外選抜 ………………………138
情報公開 ………………………………43
情報システム …………………………25
職能給 ……………………………10, 23
職能資格制度 ………………23, 27, 87, 89,
　　　　　　　111, 124, 152, 160, 162
職務 ……………………………………10
　大括りの── ………………………10
　──給 ………………………………24
　──区分 ……………………………89
　──主義 ……………………………94
　──等級制度 ……………24, 27, 87, 111,
　　　　　　　120, 124, 152, 162
　──内容 ……………………………6
女性活躍推進 ………………14, 104, 107, 111,
　　　　　　　121, 122, 125, 178

事項索引　231

女性管理職比率 ……………………120, 123, 124
ジョブ型 ……………………………………138-140
人格的価値 …………………………………………67
人材アーキテクチャー …………………………136
人材育成 ………………………………13, 15, 88
　個別的—— ……………………………………15
人材の多様化 ………………………………………14
人材ポートフォリオ ……………………………103
人事ガバナンス …………………………………214
人事管理 ……………………………………………69
　国際的—— ……………………………………158
人事権 …………………………19, 29, 38, 152, 160
人事施策 …………………………………………105
人事システム …………………………4, 7, 12, 19, 64,
　　　　　　　　　　　67, 136, 139, 145, 152
　J 型—— ………………………………………163
　日本型—— …………14, 19, 35, 152, 158-160
　日本の—— ……………………………………15
　ハイブリッド型—— ……15, 159-161, 163, 164
人事情報 ………………………………12, 26, 30, 163
　粘着的—— ……………………………32, 36, 39
人事制度 ……………………………………………10
人事等級制度 ………………………………………87
人事部 ………………………………12, 20, 37, 184
　強い—— …………………………………21, 162
　——改革論 ……………………………………21
人事ポリシー …12, 45, 52, 60, 64, 73, 160, 200
新自由主義 …………………………………………8
　——経済政策 …………………………………8, 152
新制度派組織論 ……………………………………78
心理的契約 ………………………………………155

ストレッチ経験 ……………………………………88
スペシャリスト …………………………158, 160

成果主義 …………………………………………7, 19
生産・技術管理 …………………………………10
正社員 ………………………………………103, 155
　——登用制度 …………………………………106
制度派組織論 ………………………………………78
ゼネラリスト ……………………………158, 160, 161
先任権 ………………………………………………4
選抜基準 ……………………………………136, 144
戦略的意思決定 ……………………………………90
戦略的人的資源管理論 …………………………10
戦略的タレントマネジメント …………………136
戦略パートナー ……………………………………22

双対原理 …………………………………………20, 25

組織 …………………………………………………65
　——の有効性 …………………………………71
　——のライフサイクル ………………………71
組織価値 ………………………………………67, 69
組織過程 ……………………………………………6
組織構造 ……………………………………6, 65, 71
組織硬直性 …………………………………………68
組織志向 …………………12, 152, 154, 159, 160, 163
組織統合 ……………………………………………49
組織文化 ……12, 13, 64, 65, 67-70, 163, 186, 219
　——の 4 類型 …………………………………75
組織編成原理 …………………………130, 141, 142, 146

〔た　行〕

ダイバーシティ …………………………………177
　——施策 ………………………………………203
　——マネジメント ……………………………104
タイプ A ……………………………………………70
タイプ J ……………………………………………70
ダウンサイジング ………………………………153
タテの異動 …………………………………………20
多方面の一般常識 ………………………………135
多様な正社員 ……………………………………104
　——制度 ………………………………………122
タレントマネジメント ……………………43, 136
　戦略的—— ……………………………………136

チーム ………………………………………………6
秩序維持 ……………………………………………6
知的熟練 ……………………………………5, 6, 26
長期雇用 ………………………………………91, 153
長時間労働 ………………………………………103
賃金体系 …………………………………………104

強い人事部 …………………………………21, 162

定期昇給 …………………………………………154

同一労働同一賃金 ………………………………156
統治機構 ……………………………………………7
尖った人材 …………………………………………11
トップダウン ………………………………………84
取引決済システム …………………………………9

〔な　行〕

内的エンプロイヤビリティ ……………………154
内的整合性 …………………………………47, 50, 58
内部育成 …………………………………………152
　——型 …………………………………………94

内部労働市場 ……………………77, 153, 155

ニッポン一億総活躍プラン ……………103
日本型経営 ………………………………5, 7
日本型人事システム …………14, 19, 35,
　　　　　　　　　　　　152, 155, 158-160
日本型人的資源管理 ……………………7
日本型組織モード ………………………26
日本的経営 …………………(1), 4, 5, 9, 15, 83
　――論 ……………………………………4, 6
日本の人事システム ……………………15
日本の文化 ………………………………6
ニューディール …………………154, 159
人間関係志向 ……………………………147

根回し ……………………………………85
年功序列 …………………………………137
　――制度 …………………………………4
粘着的人事情報 ………………32, 36, 39

能力主義 …………………………………94
ノー残業デー …………………104, 108, 121

〔は　行〕

ハイブリッド型人事システム ………15, 159-161,
　　　　　　　　　　　　　　　163, 164
働きがい …………………………………47
　従業員の―― ……………………………32
働き方改革 ……14, 103, 113, 121, 125, 163, 203
　――改革施策 ……………………………105
働き方の柔軟化 ……108, 113, 120, 121, 124, 125
パフォーマンスマネジメント …………43
バブル経済 ………………………………5
バブル崩壊 ………………………………155
バランス志向 ……………………………75
販売管理 …………………………………10

PMリーダーシップ ……………………133, 147
非営利事業 ………………………………11
ビジネススクール ………………………7
ビジョン …………………………………130
非正規雇用 ………………………………10
非正社員 …………………………………156
ヒト型 ………………………………138-140
人の関係のシステム ……………………9
ビューロクラシー志向 …………………75
ビューロクラシー文化 …………………72
病院組織 …………………………………11
評価制度 …………………………………104

評価報酬制度 …………………………180, 209
不確実性対応力 …………………………135
不確実性への対処 ………………………88
フレックスタイム制度 …………………121
分権化 ……………………………………96

平成不況 …………………………………162
ベスト・プラクティス・アプローチ ………48
変化への抵抗 ……………………………68

報酬制度 …………………………91, 94, 96, 98
ホーソン実験 ……………………………78
ボトムアップ型 …………………………83
　――の意思決定 …………………………96

〔ま　行〕

マーケット志向 …………………………75
マーケット文化 …………………………72

みなし時間制 ……………………………14

無期労働契約 ……………………………156

メタ・コンピテンシー ……………131, 132, 134

モバイル勤務 ……………………………121

〔や　行〕

役割給 ……………………………………10
役割主義 …………………………………94
役割等級制度 …………………12, 24, 27, 35, 160, 162

有期労働契約 ……………………………156

様式化された事実 ………………………19
ヨコの異動 ………………………………20

〔ら　行〕

リーダーシップ行動 ……………………147
リーマンショック ………………………157
リテンション ……………………………162
　――マネジメント ………………………110
リベラル・アーツ ………………………135
量的基幹化 ………………………………155
稟議 ………………………………………13
　――書 ……………………………………85
　――制度 …………………………………86

労働観 ……………………103	ローカル適応 ……………………157
労働経済学 …………………4	〔わ 行〕
労働時間削減 ……14, 103, 108, 121	
労働時間の柔軟化 …………109, 121	ワークライフバランス …………104, 123
労働デュアリズム …………………156	

人名索引

Abegglen, J. C. ………4, 6, 83, 85	Kennedy, A. A. ………66
Aiken, L. S. ………98	Kepes, S. ………50
Ansoff, I. H. ………90	Koslowsky, M. ………86, 96
Appelbaum, E. ………110	
	Lawrence, P. R. ………71
Barnard, C. I. ………65	Locke, E. A. ………86
Bartlett, C. A. ………157	Lorsch, J. W. ………71
Beechler, S. ………131, 132	
Boxall, P. ………48	MacDuffie, J. P. ………106
Briscoe, J. P. ………132, 133	Mellahi, K. ………136
Brochbank, W. ………21	Meyer, J. W. ………48
	Miles, R. E. ………48
Cameron, K. S. ………72	Misumi, J. ………85
Campbell, J. P. ………72	
Cappelli, P. ………154	Osterman, P. ………153
Collings, D. G. ………136	Ouchi, W. G. ………65, 66, 70, 83
Deal, T. E. ………66	Pfeffer, J. ………48
Delery, J. E. ………48, 50	Powell, W. W. ………48
Denison, D. R. ………66	Pranvera, Z. ………134
DiMaggio, P. J. ………48	Purcell, J. ………48
Doty, D. H. ………48	
Drucker, P. F. ………83	Quinn, R. E. ………72
Duncan, R. B. ………49	
Dyer, L. ………60	Reeves, T. ………60
	Rohrbaugh, J. ………72
Ghoshal, S. ………157	Rowan, B. ………48
Gooding, R. Z. ………83, 86, 96	
	Saige, A. ………86, 96
Hall, D. T. ………132, 133	Selznick, P. ………78
Huselid, M. A. ………50, 106, 126	Schein, E. H. ………66-69
	Schweiger, D. M. ………86
Jacoby, S. ………19, 21, 153, 159	Scott, W. ………78
Javidan, M. ………131, 132	Simon, H. A. ………84, 85, 98
	Snell, S. A. ………48
Kahn, R. ………71	Snow, C. C. ………48
Katz, D. ………71	

Teagarden, M. ···131, 132

Ulrich, D. ···21, 22

Veiga, J. F. ···161

Wagner, J. A. ···83, 86, 96

West, S. G. ···98

Wright, P. M. ··48, 60

執筆者略歴等 （執筆順，2019年5月1日現在）〈◎は編者〉

◎ 上林 憲雄（かんばやし のりお）

神戸大学大学院経営学研究科教授。Ph.D.・博士（経営学）。
日本学術会議会員（第23-24期）。
1965年大阪市に生まれる。1989年神戸大学経営学部卒業，
1992年神戸大学大学院経営学研究科博士課程後期課程中退，
神戸大学経営学部助手に就任。その後，講師，助教授を経て
2005年より現職。1999年英国ウォーリック大学経営大学院
博士課程修了。

＜主要著作＞

- 『異文化の情報技術システム』千倉書房，2001年（日本労務学会賞〔学術賞〕受賞）。
- 『変貌する日本型経営』（編著）中央経済社，2013年。
- *Japanese Management in Change*（編著）Springer，2014年。
- 『ケーススタディ 優良・成長企業の人事戦略』（共編著）税務経理協会，2015年。
- 『経験から学ぶ経営学入門［第2版］』（共著）有斐閣，2018年。
- 『経験から学ぶ人的資源管理［新版］』（共著）有斐閣，2018年。

◎ 平野 光俊（ひらの みつとし）

神戸大学大学院経営学研究科教授。博士（経営学）。
放送大学客員教授，労働政策審議会・労働条件分科会委員。
1957年東京都に生まれる。1980年早稲田大学商学部卒業，1998年神戸大学大学院経営学研究科博士課程後期課程修了。ジャスコ（現イオン）株式会社に勤務の後，2002年神戸大学大学院経営学研究科助教授を経て2006年より現職。

＜主要著作＞

- 『日本型人事管理—進化型の発生プロセスと機能性—』中央経済社，2006年（労働関係図書優秀賞，日本労務学会賞〔学術賞〕，経営行動科学学会優秀研究賞受賞）。
- 『多様な人材のマネジメント』（共編著）中央経済社，2014年。
- 『人事管理—人と企業，ともに活きるために—』（共著）有斐閣，2018年。
- 『新訂 人的資源管理』（共編著）放送大学教育振興会，2018年。

江夏 幾多郎（えなつ いくたろう）

名古屋大学大学院経済学研究科准教授，博士（商学）。

2008年一橋大学大学院商学研究科単位取得満期退学。

＜主要著作＞

・「人事システムの内的整合性とその非線形効果」組織科学，2012年（第13回労働関係論文優秀賞受賞）。

・『人事評価における「曖昧」と「納得」』NHK出版，2014年。

・『人事管理―人と企業，ともに活きるために―』（共著）有斐閣，2018年。

庭本 佳子（にわもと よしこ）

神戸大学大学院経営学研究科准教授，博士（経営学）。

2015年神戸大学大学院経営学研究科博士課程後期課程修了。

＜主要著作＞

・「組織能力におけるHRMの役割」，『経営学の再生』〔経営学史学会年報第21輯〕文眞堂，2014年（経営学史学会賞〔論文部門奨励賞〕受賞）。

・「ダイナミック・ケイパビリティのミクロ的基礎としてのリーダーシップ」，菊澤研宗（編著）『ダイナミック・ケイパビリティの戦略経営論』中央経済社，2018年。

浅井 希和子（あさい きわこ）

神戸大学大学院経営学研究科博士課程後期課程在籍，修士（経営学）。

フェデラル・エクスプレス・コーポレーションに勤務ののち2016年大阪府立大学大学院経済学研究科博士課程前期課程修了。2017年日本情報経営学会第75回大会ジュニア・インベスティゲーター・アワード奨励賞を受賞。

＜主要著作＞

・「日本企業の集団的意思決定プロセスの研究」，『経営学史研究の挑戦』〔経営学史学会年報第25輯〕文眞堂，2018年。

余合 淳（よごう あつし）

名古屋市立大学大学院経済学研究科准教授，博士（経営学）。

2014年神戸大学大学院経営学研究科博士課程後期課程修了。

2012年日本労務学会賞（研究奨励賞），経営行動科学学会第15回年次大会優秀賞を受賞。

＜主要著作＞
・「自発的離職の規定因としての人事評価と公正性」日本労務学会誌，2013年。
・「リーダーシップと相互作用」，松田陽一・藤井大児（編著）『リーディングス組織経営（改訂版）』岡山大学出版会，2014年。

島田 善道（しまだ よしみち）
公立鳥取環境大学経営学部講師，神戸大学大学院経営学研究科博士課程後期課程在籍，修士（経営学）。
パナソニック株式会社に勤務ののち，2015年大阪府立大学大学院経済学研究科博士課程前期課程修了。
＜主要著作＞
・「グローバルリーダー研究の学史的位置づけの検討」，『経営学史研究の興亡』〔経営学史学会年報第24輯〕文眞堂，2017年。

《検印省略》

2019年7月10日　　初版発行　　　　　　　　略称：人事システム

日本の人事システム
―その伝統と革新―

編著者 ©	上	林	憲	雄
	平	野	光	俊
発行者	中	島	治	久

発行所　同文舘出版株式会社
東京都千代田区神田神保町1-41　　　　　〒101-0051
電話　営業(03) 3294-1801　　　　　編集(03) 3294-1803
振替 00100-8-42935　　　　　　http://www.dobunkan.co.jp

Printed in Japan 2019　　　　　　　印刷・製本：萩原印刷

ISBN 978-4-495-39028-0

JCOPY 〈出版者著作権管理機構 委託出版物〉
本書の無断複製は著作権法上での例外を除き禁じられています。複製される
場合は，そのつど事前に，出版者著作権管理機構（電話 03-5244-5088，FAX
03-5244-5089，e-mail: info@jcopy.or.jp）の許諾を得てください。